K 5553

I

HISTOIRE

DE LA PAROISSE

DE NÉHOU.

HISTOIRE

DE LA PAROISSE

DE NÉHOU,

DEPUIS LES TEMPS LES PLUS RECULÉS JUSQU'A

NOS JOURS;

PAR M. LEBREDONCHEL,

Curé de Varenguebec.

CHERBOURG,
Imprimerie de NOBLET, place de la Fontaine.

1855.

PRÉFACE.

Parmi les paroisses rurales de Normandie, au moyen âge, il y en a peu auxquelles se rattache un plus grand nombre de souvenirs qu'à la paroisse de Néhou, et qui aient été l'apanage de plus opulens et de plus puissans seigneurs. Malgré les ravages du temps et les changemens que les siècles opèrent, son territoire et ses archives offrent encore des débris qui laissent apercevoir des traces de son importance et de sa grandeur passées, et qui rappellent les époques mémorables de l'histoire du peuple belliqueux dont naquirent nos ancêtres. Mais, aujourd'hui surtout que l'uniformité se répand sur toutes les contrées de la France, tout semble conspirer à effacer jusqu'aux moindres vestiges des mœurs, des usages, des coutumes, des pratiques religieuses et des édifices de nos aïeux; et, de toutes parts, la main des hommes détruit ce que le temps avait épargné. Pour sauver d'une destruction totale ce qui nous en reste, ou du moins pour en conserver le souvenir, il était donc urgent de recueillir les documens qui, chaque jour, disparaissent et s'anéantissent. Or, tel est le but que nous nous sommes proposé en écrivant cette petite histoire. « L'homme, » dit un auteur, aime singulière-» ment à retracer dans sa mémoire

» les événemens qui l'ont précédé
» sur la terre ; et, resserré entre
» les bornes d'une courte existence,
» c'est pour ainsi dire doubler sa
» carrière que de connaître un
» autre âge; inutilement tourmen-
» té du désir de pénétrer l'avenir,
» il satisfait en quelque sorte ce
» penchant en promenant un œil
» avide sur la route que ses pré-
» décesseurs ont parcourue :.....
» heureux, s'il est assez sage pour
» profiter de l'expérience des siè-
» cles qui sont écoulés ! »

Des personnes qui nous connaissent, voyant cet ouvrage publié sous notre nom, seront peut-être étonnées que nous nous soyions occupé d'un travail de ce genre, et qu'un temps, précieux pour tout le monde, mais surtout pour un

Ministre du Seigneur, ait été employé à un sujet d'un intérêt si mince. Nous nous attendions à cette réflexion dès le moment que nous avons commencé ce travail; et nous avouons que, quoiqu'il s'agisse ici d'un livre plutôt édifiant qu'indifférent, nous n'aurions jamais pensé à traiter une semblable matière, surtout en envisageant la petitesse du cercle dans lequel son utilité sera circonscrite, si nous n'avions eu, pour le faire, des motifs plausibles.

Plusieurs personnes de la paroisse de Néhou, notre lieu natal, qui nous sont attachées par les liens de l'amitié, mues par les considérations sus-énoncées, nous avaient, il y a déjà plusieurs années, engagé à en faire l'histoire et à leur mettre sous les yeux, appuyées de preuves authentiques, l'origine, l'augmentation, ou la décadence et la destruction des établissemens qu'elle a possédés, surtout depuis l'invasion de notre province par les Normands au X° siècle, jusqu'à nos jours.

Cette idée, à laquelle nous n'attachâmes alors aucune importance, a donné lieu au petit Ouvrage que l'on publie aujourd'hui. Voyant que la réalisation de ce projet était désirée, et la demande nous en ayant été faite par des personnes que nous respectons, nous avons cru pouvoir y obtempérer en sûreté de conscience, et consacrer quelques-uns de nos momens de délassement à recueillir et à mettre en usage les matériaux qui sont entrés dans la composition.

On sera, d'un autre côté, peut-être surpris de voir un ouvrage de si courte haleine divisé en un aussi grand nombre de livres; mais on devra saisir notre dessein, si l'on considère que ce petit Ouvrage est spécialement destiné aux habitans de Néhou, auxquels des occupations multipliées laissent rarement le temps de faire une longue lecture. C'est aussi par la même raison que nous avons consacré plusieurs de nos livres à l'histoire d'établissemens pris isolément, au lieu de les avoir saisis simultanément et par degrés, à mesure que, nous avançant dans la carrière, nous approchions de l'époque présente. On conviendra facilement que, dans un ouvrage de ce genre, nous étions plus à portée de mettre de la clarté dans l'exposition des faits, en adoptant ce plan, qu'en suivant la marche usitée de l'histoire.

Au reste, nous pouvons donner l'assurance que nous n'avons rien avancé qui ne repose sur de bonnes raisons et sur des preuves authentiques, indiquées au bas des pages; et que, si on ne doit regarder que comme probable ce que nous n'avons donné que comme probable, on doit, sans crainte d'être induit en erreur, regarder comme certain ce que nous avons donné comme tel.

Nous finissons par rendre hommage à l'obligeance de M. l'abbé Yvetot, Vicaire de Néhou, qui a bien voulu se donner la peine de faire, dans les archives de l'église, la recherche des pièces anciennes qui pouvaient nous intéresser. Nous le prions de croire ici à la sincérité de notre humble et amicale reconnaissance.

SOMMAIRE.

LIVRE I.er

PREMIÈRE PARTIE.

Etat de la terre de Néhou, depuis les Gaulois jusqu'à l'invasion de la Normandie en l'an 912. Preuves du séjour des Romains en ce lieu, et vestiges de leurs établissemens. Ravages des peuples du Nord, connus sous le nom de Normands.

LIVRE II.

Depuis l'invasion de notre province, en 912, jusqu'à l'an 1047.

Cession que fait le duc Rollon de la terre composant aujourd'hui les communes de St-Sauveur et de Néhou, à Richard, un des officiers de son armée, en 912. Cession que fait Richard à son fils Néel, de la terre de Néhou, en l'an 920. Etymologie du nom de cette paroisse: origine des premières habitations.

LIVRE III.

Depuis l'an 1047 jusqu'à l'an 1283. Un mot sur la famille de Néel. Il entre dans une conspiration contre Guillaume-le-Bâtard, duc de Normandie. Son parti est vaincu et ses biens sont confisqués: le duc lui enlève la terre de Néhou et la donne à la famille de Reviers-Vernon. Détails sur cette famille. Elle inféode en 1086 le tiers de cette terre à la famille de la Beurrière. Un mot sur Monroc. Premières concessions de droits d'usages.

LIVRE IV.

An 1283. Partage de l'ancienne baronnie de Néhou en trois baronnies nouvelles. Détails sur les trois baronnies, et en particulier sur celle du Château.

LIVRE V.

Détails sur la baronnie de l'Angle.

LIVRE VI.

Détails sur la baronnie d'Orglandes et sur la vavassorie de Gonneville.

LIVRE VII.

Continuation de l'histoire de l'inféodation de 1086, comprenant les terres de la Beurrière, au nord-est de la paroisse, et celles comprises entre la route de Bricquebec à St-Sauveur, une ligne partant de cette route et se rendant à l'église du Valdécie, et les communes limitrophes de Néhou, au sud-ouest de cette paroisse.

LIVRE VIII.

Etat de la paroisse il y a quelques siècles. Détails sur la transaction de 1800, ses suites et ses résultats. Formations géologiques de la commune.

LIVRE IX.

DEUXIÈME PARTIE.

Fondation de l'église de Néhou et détails sur les bâtimens actuels. Ses anciennes dotations. Fondation de la Collégiale de N.-D. de Néhou. Détails sur ses prébendes ou revenus. Eglises de Colomby, Golleville, Ste-Colombe et Rauville-la-Place. Fondation de l'abbaye de Montebourg, et translation de la Collégiale de Néhou.

LIVRE X.

L'abbaye de Montebourg chargée de la desserte de l'église de Néhou. Détails sur son administration spirituelle et sur le tempo-

rel des curés qu'elle y commet. Conventions avec les seigneurs barons de l'Angle, au sujet du droit de patronage.

LIVRE XI.

Liste des curés de Néhou, depuis 1179 que cette paroisse ne fut plus desservie par les moines de l'abbaye, jusqu'à nos jours. Chapelle de Monroc, son histoire. Eglise de St-Jacques, son établissement.

LIVRE XII.

Histoire du prieuré de St-Jean-des-Bois, et détails sur les autres chapelles de la paroisse.

HISTOIRE

DE LA PAROISSE

DE NÉHOU.

PREMIÈRE PARTIE.

LIVRE PREMIER.

Nous n'avons point de preuves certaines que la terre qui forme aujourd'hui la paroisse de Néhou ait été habitée avant la conquête des Gaules par les Romains, un demi-siècle avant la venue de Jésus-Christ. Ce lieu, comme tant d'autres, était sans doute un terrain vacant, à la disposition des chefs des différents gouvernemens qui auraient successivement régi la province que nous habitons. Pour s'en former une idée exacte, dans ces temps anciens, il n'est pas inutile de donner quelques détails sur le pays dont elle faisait partie.

« Les auteurs qui ont écrit sur les siècles
» reculés nous le représentent, comme
» tous ceux qui sortent des mains de la
» nature, couvert de forêts, imbibé
» d'eaux stagnantes, traversé par des ri-
» vières embarrassées de rocs tombés dans
» leurs lits, et sillonné par des torrens et
» des ravines profondes. (1) »

Les premiers peuples que l'on voit habiter ce pays, qui porte aujourd'hui le nom de France, furent les Gaulois. Les historiens les font venir de la Germanie, peuplée elle-même par les Celtes, enfans d'un petit-fils de Noé, nommé Gomer, qui, de l'Orient, établit sa puissance dans le Nord. Ces Germains filtrèrent, pour

―――――――――

(1) Anquetil, Hist. de Fr., 1.re période ; voyez aussi Marcel, Hist. de l'origine de la Monarchie franç., tom. 1.er

ainsi dire, dans les Gaules, comme de petits ruisseaux qui s'extravasent d'un grand amas d'eau, par filets; vient ensuite le flot qui inonde tout. On les voit conquérans, par conséquent en corps de nation, quatre cents ans avant la venue de Jésus-Christ. (1)

« S'il y a eu des habitans indigènes dans
» les Gaules avant l'arrivée des Celtes ou
» Gaulois, ce qu'on ne peut nier ni affirmer,
» il n'en est resté aucun vestige. (2) »

Il n'entre pas dans notre plan de donner de détails sur la religion, les migrations, les mœurs et les usages des peuples qui précédèrent en France la domination romaine; il nous suffit de donner du pays ce coup-d'œil général, afin de juger par induction quel était l'état de la terre qui nous occupe.

Il est vraisemblable que dans ces temps reculés elle ne formait qu'une vaste forêt, ou que plutôt elle faisait partie d'une im-

---

(1) *Ità ferè id.*, *ibid.*
(2) *Id., ibid.*

mense étendue de terrain couvert de bois et n'était pas distincte de tous les lieux circonvoisins. Cependant quoique nous n'ayons point de preuves certaines, si l'on en juge par analogie avec le reste de la presqu'île, on ne pourrait guère douter qu'elle n'eût été habitée, au moins en partie, par les Gaulois, et que les Druides (1) n'eussent rendu témoins de leurs sacrifices ses ténébreux et mystérieux ombrages. Outre les traces nombreuses qu'en ont trouvées, dans plusieurs communes voisines, et notamment dans Bricquebec, plusieurs antiquaires distingués, une ancienne pierre plantée, dégradée depuis peut-être bien des siècles, mais connue encore aujourd'hui sous le nom de *Fontaine aux Fées*, nom qui caractérise souvent ces restes des monumens du culte druidique, semblerait indiquer qu'il y a deux mille ans le territoire de Néhou renferma dans son enceinte des sacrificateurs des faux dieux Taran et Teutatès. Cette pierre

---

(1) Les Druides étaient les prêtres des Gaulois.

se voyait encore naguère sur l'emplacement d'une des portions de la forêt de Néhou, appelée le Boscquesnay, nom qui désigne une forêt de chênes (1) pour lequel les Druides montraient et provoquaient beaucoup de vénération.

Quoi qu'il en soit, sans nous arrêter aux divisons et subdivisions qui faisaient de cette partie de l'Armorique, qui fit depuis partie de la Neustrie, laquelle porte aujourd'hui le nom de Normandie, comme du reste de la Gaule-Celtique, un nombre de petits gouvernemens qui égalait presque celui des villes, nous ferons observer que, environ cinquante ans avant la venue de Jésus-Christ, Jules-César fit la conquête des Gaules. La Neustrie fit d'abord partie de la province romaine qu'on appelait Lyonnaise et dont Lyon était le chef-lieu:

---

(1) Composé des mots *bosc* et *quesnaye*, qu'on employait dans le moyen âge, l'un pour signifier un bois et l'autre pour signifier un lieu planté de chênes. On dit encore aujourd'hui le *Bosc-de-la-Haye*, le *Long-Bosc*, etc. ; c'est comme si l'on disait le *Bois-de-la-Haye*, le *Long-Bois*, etc.

une subdivision la mit dans la deuxième Lyonnaise dont Rouen fut la métropole.

« Elle fut soumise, comme le reste de la
» Gaule, à la législation romaine, que nous
» ne perdîmes que lorsque les Normands y
» substituèrent leurs lois, non moins sages
» que celles de Rome.

» Sous la domination des Romains, nos
» villes reçurent des embellissemens,
» notre agriculture et notre commerce
» devinrent florissans. » Ils pratiquèrent des routes faciles pour communiquer d'une ville à l'autre. La première trace de l'ouvrage des hommes que nous trouvions d'une manière certaine dans la paroisse de Néhou, date de cette époque; ce sont deux voies romaines, dont l'une venant de *Coriallum* (l'ancien Cherbourg) et allant à *Cosedia* (l'ancien Coutances), traversait la Scye, près du pont de Gonneville, et la lande du Boscquesnay; passait par la *Brèque-ès-Querrières*, la Roquelle et le Vay du Pont-aux-Moines. On a trouvé beaucoup de briques romaines dans ces différens lieux, et des médailles de

de la même nation à la Roquelle, où un chemin porte encore le nom de *Rue de Coutances*. (1)

L'autre route, partant d'*Alauna* (l'ancien Valognes), passait la rivière d'Ouve (2) à Magneville, traversait la paroisse de Néhou, en ligne droite, comme toutes les voies romaines, et se dirigeait sur la ville qui fut autrefois au lieu où est aujourd'hui Portbail, et que M. de Gerville croit être *Grannonum*, port de mer indiqué dans une notice de la Gaule, dans les derniers temps de la domination romaine, comme devant se trouver sur les côtes de la Manche. (3)

Les traces d'habitations romaines dans

---

(1) M. de Gerville, Rech. sur les Villes et Voies romaines du Cotentin.

(2) M. de Gerville a prouvé, dans une des séances du Conseil général, en 1828, que *Douve* est devenu par corruption le nom de la rivière *Ouve*. Ce dernier nom a été substitué à l'autre sur l'observation de cet antiquaire. (*Note de M. Travers, Principal du Collège de Falaise, extraite de l'Annuaire de la Manche.*)

(3) M. de Gerville, *loc. sup. cital.*

cette paroisse sont trop visibles pour qu'on puisse y révoquer en doute le séjour des Romains. Outre les vestiges dont nous venons de parler, et beaucoup d'autres sans doute qui ont disparu et qui n'auraient pas échappé à un œil observateur, nous mentionnerons les découvertes suivantes :

En 1806, époque à laquelle se poursuivait la coupe du bois du Parc, se trouvait, vers le milieu de la forêt et parmi tant d'autres semblables, un chêne séculaire, dont le pied avait plus de dix mètres de tour; cet arbre, qui s'en retournait de caducité depuis plus de deux siècles, ne tenait à la terre que par trois racines en trépied. Il resta debout après qu'elles furent coupées, et on fut obligé, pour l'abattre, de recourir aux instrumens en usage chez les bûcherons. Alors parut à sa place un reste de pavé en briques, lequel était de toute la grandeur de la surface du tronc; mais on ne put sauver aucune de ces briques, elles se réduisirent en poussière dès qu'on voulut les soulever.

Il y avait probablement beaucoup de terre sur ce pavé dans le moment où le chêne était jeune ; le pied de cet arbre qui prenait de plus en plus des accroissemens, le laps du temps et les pluies, en aplanissant le lieu où il se trouvait, auront fait à la longue disparaître cette terre, et c'est sans doute au vieux chêne qu'on fut redevable de la conservation de ces vestiges que les ravages des siècles n'eussent pas plus épargnés que les parties contiguës dont il ne restait aucune trace.

Sur l'emplacement de ce même bois du Parc, proche la Scye, au haut du coteau, en face du pont Rault et des Petits-Prés, se voient encore aujourd'hui des restes bien caractérisés d'anciens retranchemens qui semblent avoir entouré un morceau de terrain assez étendu. Tout porte à croire que ces vestiges sont d'origine romaine et qu'ils sont du même temps que les établissemens romains dont les traces et les débris se trouvent en grande abondance de l'autre côté de la rivière, sur la partie sud-est de Bricquebec. Nous avions remarqué ces retranchemens dans notre enfance, mais la pensée que les Romains en étaient les auteurs ne nous était jamais venue à l'esprit. Cette découverte est due à M. Pierre Le Fillastre, de Bricquebec ; et c'est lui qui nous a fait porter notre attention sur ces vestiges d'une grande nation qui n'est plus.

On a trouvé, en défrichant, près le Pont-aux-Moines, dans la partie méridionale du bois de la Roquelle, des médailles romaines, une espèce de poignard en fer, dans un ravin, des pointes en métal, fragmens de javelots, des meules concaves et convexes, des morceaux concaves, en fer, et autres débris qu'on ne peut évidemment attribuer qu'aux Romains.

Des briques romaines se rencontrent aussi dans le bois de Danneville ; mais la principale et la plus considérable découverte de ce genre a été faite au printemps de 1833, dans un herbage appartenant à M. le Chevalier de Gouberville, et attenant à son jardin. En creusant un fossé dans cet herbage, on a trouvé une grande quantité de briques romaines ; l'herbe venait moins bien dans cet endroit, et il est encore aisé aujourd'hui de remarquer, en partant du fossé et en s'avançant dans l'herbage, un grand emplacement où l'herbe est moins belle et où elle se sèche, dans l'été, beaucoup plus tôt que dans le reste du champ. Cet emplacement en recèle indubitablement beaucoup d'autres ; celles qu'on a trouvées en creusant le fossé sont des trois espèces qui étaient le plus en usage chez les Romains : les grosses briques parallélogrammes, qu'ils nommaient *lateres* ; les briques plates et à rebords, *tegulæ*, et les briques convexes et plus ouvertes par un des bouts que par l'autre, et qu'on appelait *imbrices* ; ces deux dernières espèce servaient à couvrir les maisons.

La nature du terrain, qui est glaiseux, le nom des pièces voisines, qui, de temps immémorial, s'appellent *les Poteries*, cet amas considérable de briques et de fragmens de briques de plusieurs espèces, tout se réunit pour faire conclure qu'il y eut là, jadis, une manufacture de ces sortes d'objets, et qu'il y a quinze ou seize siècles, il y avait, sinon des potiers, au moins des faiseurs de briques dans Néhou.

Les habitations romaines y furent-elles nombreuses? c'est une question qu'il serait difficile de résoudre d'une manière positive, puisque nous ne pouvons retrouver là-dessus d'autres renseignemens que les traces dont nous venons de parler. Mais, quoi qu'il en soit de cette question, s'il y eut, comme on n'en peut pas douter, des habitans dans la terre de Néhou pendant les cinq siècles que ce pays fut en la puissance des Romains, ils durent disparaître après le règne de Clovis, qui porta le dernier coup à la domination romaine dans les Gaules. Un titre authentique du Xe siècle (1), dont nous parlerons plus tard, nous montre le territoire de cette paroisse comme inculte et inhabité.

Il y avait déjà plusieurs siècles que les Francs, peuples de la Germanie, s'étaient établis sur les débris de l'Empire romain

---

(1) L'acte de concession de l'an 912.

dans la Gaule, et lui avaient donné le nom de *France*. Des barbares Scandinaves, venus des bords de la Mer-Baltique et connus sous le nom de Normands, (1) ravagèrent le pays. Ces peuples, long-temps terribles, avaient déjà infesté nos côtes sous le règne des fils de Clovis. Charlemagne, le plus grand de nos rois, n'avait pu les dompter; les précautions qu'il prit pour se mettre en garde contre ces pirates, servirent (vers 816) sous le règne de Louis-le-Débonnaire; mais ce prince faible laissa une succession incertaine, des enfans acharnés les uns contre les autres. Leur prétentions détruisirent leurs troupes, et les peuples du Nord ne furent plus contenus. (2)

Bientôt des essaims de ces pirates descendirent sans opposition sur nos côtes, détruisirent les églises et les monastères,

---

(1) *Hommes du Nord*; composé des mots germaniques *Nort*, Nord, *man*, homme.
(2) Ann. de la Manche, ann. 1829, pag. 245.

ruinèrent et ravagèrent tout. (1) Des malheurs du même genre affligèrent le pays jusqu'en l'an 912, époque où la province fut cédée aux peuples du Nord, qui la ravageaient depuis 150 ans, et qui, de leur nom, lui donnèrent celui de Normandie.

---

(1) Guill. de Jumiège, *De gestis Normann.*, lib. 1, cap. 6 et 8, et toutes les Hist. de Fr. et de Normandie.

LIVRE DEUXIEME.

Ici commence pour notre histoire une ère nouvelle : ici nous allons cesser d'édifier sur des analogies. Le roi Charles III, surnommé *le Simple*, voyant qu'inutilement il tenterait d'expulser ces peuples, qui s'étaient extrêmement multipliés en France depuis la mort de Charlemagne, et qu'on n'était parvenu à détourner temporairement qu'à force d'or, se décida à traiter d'une manière plus positive et plus durable avec eux.

Raoul, ou Rollon, leur chef, après avoir mis le siège devant Paris et ravagé tout le pays sur les bords de la Seine, songeait depuis plusieurs années à s'établir en France, et avait même fixé à Rouen le siège de sa domination. Voyant qu'inutilement il tenterait d'expulser un ennemi devenu si puissant, Charles lui fit des propositions qui furent acceptées, et un traité fut conclu à St-Clair-sur-Epte. Le Monarque français lui céda en fief cette partie de la Neustrie, qui s'est appelée depuis *Duché de Normandie,* avec un droit d'hommage sur la Bretagne, à condition qu'il embrasserait la religion chrétienne.

Devenu paisible possesseur du pays conquis, Rollon, en réparation des brigandages exercés par ses troupes, fit de grandes largesses aux églises des prélats qui l'avaient catéchisé. Il partagea ensuite à ses guerriers la plupart des terres du duché, à chacun selon les services qu'il en avait reçus : *cœpit metiri terram suis comitibus, etc.;........terram funiculo divisit.* (1)

Parmi les officiers de son armée qui s'étaient le plus distingués, s'en trouvait un nommé Richard. Le duc lui donna, pour sa part et pour récompenser sa bravoure, toute l'étendue de terrain qui forme aujourd'hui les paroisses de St-Sauveur-le-Vicomte et de Néhou, avec de grandes dépendances. (2) Cette terre était alors inculte et couverte de bois : la

---

(1) Dudo, S.^{ti} Quentini decanus.

(2) Archiv. Mss. du ch. de St-Sauveur et de l'église de Néhou.

Normandie elle-même, ravagée par les incursions précédentes, était presque déserte : *diù que desertam*.

« On voyait encore avant la révolution, » aux archives du château de St-Sauveur, » une copie de la concession de ce domaine, *couvert de bois et composé de marais et de terres sèches, situé en Cotentin, près de la rivière d'Ouve*, donné à titre » d'honneur, avec obligation d'hommage » et de service militaire. Cet acte, écrit » en latin, comme tous ceux de cette époque, était daté de l'an 912; que fut » conclu le traité de St-Clair.

» Immédiatement après cette concession, Richard jeta les fondemens du » château de St-Sauveur. (1) »

On ne voit pas que pendant les premières années qui suivirent, Richard ait fait construire de maisons dans la paroisse qui nous occupe. Huit ans après, c'est-à-dire en l'an 920, il donna à son fils Néel

---

(1) M. de Gerville, Recherches sur le chât. de St-Sauveur.

(en latin *Nigellus*), le territoire qui prit le nom de Néhou. (1)

Nous n'avons aucune preuve que cette terre portât un nom avant la concession que nous venons de signaler. Celui qu'elle porte aujourd'hui remonte à cette époque.

Si l'on examine quels étaient les peuples qui avaient habité et qui habitaient pour lors la Normandie, on verra d'abord qu'avant l'invasion des Normands elle était en la possession de ces peuples venus de Germanie (aujourd'hui l'Allemagne), et connus sous le nom de Francs, dont le langage, quoiqu'il se fût mêlé au latin que parlaient les Romains dont ils prenaient la place, était le tudesque ou ancien teutonique, d'où dérive la langue allemande. Les Saxons, qui avaient depuis long-temps envahi l'Angleterre, avaient à-peu-près la même origine, et on retrouve dans la langue anglaise des traces très-nombreuses de leur idiôme; ou, pour parler plus juste, la langue anglaise elle-

---

(1) Arch. du chât. de St-Sauveur et de l'égl. de Néhou.

même est toute dérivée du teutonique. Aux Francs, ou Français, qui habitaient notre province au moment des incursions des Normands, ont en partie succédé ceux qui en devinrent les maîtres en 912, et qui étaient venus des bords de la Mer-Baltique, par conséquent du Danemark ou du midi de la Suède. Le langage que l'on parlait alors en Normandie devait donc être un mélange des divers idiômes de ces différens peuples. C'est donc particulièrement dans ces langues, formées du teutonique, qui dérivait lui-même du celtique, qu'avaient parlé les Gaulois avant la domination romaine, que l'on doit rechercher l'étymologie du nom de Néhou. Or, nous trouvons que le mot allemand *haus*, les mots anglais *home* et *house*, la finale suédoise *hem*, le danois et norvégien *huus*, que l'on prononçait *hous*, comme tous en conviennent, signifient *maison, habitation, demeure*, ou s'emploient pour exprimer le logis et le chez-soi (1). La terminaison *hou*, du nom de

---

(1) Voy. l'*Etymologicon* de Malte-Brun, V.^{ls} *citat.*

Néhou, vient donc visiblement de là, et, jointe au nom de Néel, nous donne *Neelhou*, qu'on retrouve encore écrit de cette manière sur quelques chartes anciennes, et qui signifie *habitation de Néel*. Il n'est pas difficile maintenant de voir comment, l'usage des siècles suivans abrégeant le mot, s'est formé le nom de *Néhou*.

Telle est, selon nous, l'origine du nom de la paroisse dont nous écrivons l'histoire. Avant d'entreprendre ce travail, nous lui donnions une étymologie un peu différente; sur le plus grand nombre des chartes latines du moyen âge qui nous restent touchant cette paroisse, et sur les registres de l'Evêché de Coutances, des XIIIe et XIVe siècles, connus sous le nom de *Livre noir* et de *Livre blanc*, la paroisse de Néhou est désignée par *Nigelli humus*, ce qui, au premier abord, signifie *terre de Néel*.

Tout le monde convenant que dans le moyen âge, comme aujourd'hui encore en Angleterre, en Espagne et ailleurs, on prononçait la voyelle *u* comme nous prononçons la diphthongue *ou*, *humus* se prononçait comme nous prononçons *houmous* ; ce mot joint au mot *Nigellus*, francisé, qui signifie Néel, nous donne encore *Néelhoumous*, et, par une altération qui se remarque dans un grand nombre d'autres noms, nous donne *Néhou*, *terre de Néel*.

Ces deux étymologies sont satisfaisantes; cependant, nous donnons la préférence à la première, par la raison que nous trouvons dans beaucoup de chartes françaises de 1280, de 1286 et autres années du XIIIe siècle, époque déjà reculée, lesquelles sont consignées dans les cartulaires des abbayes de Montebourg et de Saint-Sauveur-le-Vicomte, le nom de cette paroisse exprimé par *Neahou*, *Neauhou*, et *St. Joure de Neahou*, ce qui indique évidemment notre première étymologie pour quiconque a une teinture de l'ancienne prononciation des langues septentrionales que nous avons mentionnées, et ce qui devient d'autant plus admissible que la langue latine, d'où dérive la seconde, quoiqu'employée dans les actes publics, ne fut jamais vulgaire en Normandie, surtout depuis l'invasion des Normands au Xe siècle.

Mais dans ce cas, si le mot *Néhou* signifie *habitation de Néel*, il ne doit pas signifier en même temps *terre de Néel*; pourquoi donc trouve-t-on *Nigelli humus* sur les anciennes chartes, et non pas un mot *vraiment* latin qui désigne une demeure, si la terminaison *hou*, ou à peu près, est plus ancienne, et si ceux qui ont employé la première fois *Nigelli humus* pour désigner cette paroisse, avaient intention de lui laisser la signification de *maison de Néel* et non celle de *terre de Néel* qu'indiquent les mots latins *Nigelli humus?* A cela nous répondrons que, dans le moyen âge, on n'était pas délicat sur le choix des mots latins, et qu'on en fabriquait même à volonté; c'est ainsi que l'on trouve dans les anciennes chartes *pecia mutonis*, pour signifier une pièce ou un morceau de mouton; *vouta*, pour signifier une voûte; *roca*, pour signifier une roche; *granchia*, pour désigner une grange; *brotagium*, pour

pour signifier le droit de pâturage ; *foresta* et *forestia* pour désigner une forêt, et une multitude d'autres exemples que nous pourrions citer.

Cela posé, nous croyons ne pas nous écarter de la vérité en disant que le mot *humus*, qu'on prononçait *houmous*, est la terminaison *hou* du nom de Néhou, laquelle terminaison était plus ancienne, et qu'on a voulu latiniser sans lui faire perdre sa signification, et, comme il était d'usage en ce temps, sans se mettre beaucoup en peine si de pareilles fabrications de mots étaient ou n'étaient pas conformes aux règles et au génie de la langue dans laquelle on les faisait entrer.

Quoi qu'il en soit, cette paroisse tire son nom de Néel, dont elle fut l'apanage. A peine fut-il en possession de ce domaine qu'il jeta les fondemens d'un château-fort dont nous voyons encore les ruines sur les bords de la rivière d'Ouve, entre les églises de Ste-Colombe et de Néhou. Ce fut alors que ce domaine prit le nom de *Néhou*, dont nous avons donné la signification.

Alors, quoique la Normandie ne fût pas encore entièrement remise des secousses qui l'avaient agitée depuis près de deux siècles, les compagnons de Rollon commençaient à jouir en paix du fruit de la victoire. Aussi habile politique que grand capitaine, ce prince avait, au partage de la province, rappelé dans leur patrie le petit nombre d'anciens habitans fugitifs qu'elle possédait; il avait encouragé les étrangers à peupler et à enrichir ses nouveaux états, par l'assurance d'une sécurité profonde et par la protection d'une justice exacte qui fait croître l'industrie : *securitatem omnibus gentibus in suâ terrâ manere cupientibus fecit; universamque, diù desertam, reædificavit, atque de suis militibus advenisque refertam restituit.* (1) A l'exemple de leur chef, ceux qui avaient partagé ses périls et qu'il avait si largement récompensés, voyant que le véritable moyen de devenir riches et puissans et de jouir avec plus d'avantage et d'éclat du fruit de leur conquête, était de se don-

---

(1) Hist. Normann. lib. 2, cap. 19.

ner des vassaux qui pussent améliorer les terres dont se composaient leurs nouvelles possessions, restituèrent bientôt, par ce moyen, à la Normandie, une valeur qu'elle avait perdue depuis plusieurs siècles. Excité par le même motif, Néel, possesseur de Néhou, attira autour de lui un nombre assez considérable de familles, soit des anciens habitans de la Neustrie, soit des soldats qui avaient aidé les Normands dans la conquête de cette terre; il leur céda des terrains, des priviléges et autres droits, à titre d'hommage et de redevances.

Telle fut l'origine des premières possessions de roturiers, dans la paroisse de Néhou, et des premières habitations que nous y trouvions depuis l'invasion des Normands. Bientôt se forma autour du château-fort, chef-lieu de cette baronnie, un bourg dont il est souvent fait mention dans nos archives du moyen âge, et dont on retrouve encore de nombreux vestiges tout le long du chemin, un peu au-delà du pont du Boëlle jusqu'à l'église de

Ste-Colombe, et dans les prairies adjacentes.

Ce serait ici le lieu de parler de la fondation de l'église de Néhou, mais, ici comme ailleurs, lorsqu'il s'agira d'établissements religieux, nous renvoyons à notre seconde partie, où l'on trouvera ce qui a rapport à l'histoire ecclésiastique.

LIVRE TROISIÈME.

Le domaine de Néhou resta dans la famille de Néel jusqu'en l'an 1047, époque où la révolte de l'un de ses descendans le fit passer en d'autres mains. Pendant tout cet intervalle, cette châtellenie continua de faire partie de la baronnie de St-Sauveur-le-Vicomte, qui était au même propriétaire. (1)

On ne doit pas s'attendre que nous entrions dans de grands détails sur l'histoire de ces seigneurs : elle serait étrangère à notre sujet. Celui qui reçut de son père le territoire de notre paroisse « fut honoré » par Guillaume-Longue-Epée, vers 938, » du titre de *Vicomte* du Cotentin, di- » gnité qui devint héréditaire dans sa » postérité, et qui a fait donner à St- » Sauveur le surnom de *le-Vicomte*. (2) »

Nous voyons en 1002 un de ses descen-

---

(1) Arch. Mss. de St-Sauveur et de Néhou.
(2) M. de Gerville, *Rech. sur le château de St-Sauveur.*

dans, peut-être son petit-fils, décoré comme lui de la dignité de Vicomte du Cotentin, tailler en pièces, à Barfleur, l'armée anglaise, sous le règne d'Ethelred, roi d'Angleterre, et en faire un carnage tel, disent les historiens, qu'il en échappa à peine assez pour porter en Angleterre la nouvelle de ce désastre. (1) Ceci se passait sous le règne du duc de Normandie, Richard II. Son successeur, Richard III, fut enlevé par une mort prématurée. Il laissa la couronne à son frère Robert-le-Diable, qui mourut dans l'Orient, laissant la couronne à son fils Guillaume-le-Bâtard, qui depuis fit la conquête de l'Angleterre.

La naissance illégitime de ce prince, ainsi que son jeune âge, donna occasion à des conspirations de la part des seigneurs normands, qui, étant la plupart du sang des ducs, se croyaient plus de droit que lui à la couronne de Normandie. Guy, fils de Regnault, comte de Bourgogne, et

---

(1) Will. Gemet. ap. Duchesne, f.º 25; Dumoulin, liv. 4.

d'Allix, fille de Richard II, avait été élevé à la cour de Normandie avec le jeune duc Guillaume. Ce prince, qui l'aimait, le fit bientôt comte de Brionne et de Vernon, mais il fut payé de la plus noire ingratitude, Guy ne tardant pas à lui disputer son duché, sous le prétexte de l'illégitimité de sa naissance. S'imaginant qu'étant petit-fils par sa mère du duc Richard II il était préférable en sa succession à Guillaume, qui était un fils illégitime, il ne désespéra pas de parvenir à se faire déclarer duc de Normandie, ou du moins à la partager avec le Duc. C'était encore un Néel, descendant des premiers, qui était à cette époque possesseur de St-Sauveur et de Néhou. Guy le fit entrer dans son parti et l'entraîna dans sa révolte, ainsi qu'un grand nombre d'autres seigneurs assez puissans pour le soutenir. Ce parti fit de rapides progrès; le duc Guillaume, qui habitait pour lors le château de Valognes, fut obligé de s'enfuir précipitamment et de réclamer le secours du roi de France. Une bataille fut livrée au

Val-ès-Dunes, près de Caen, en 1047, où les rebelles furent vaincus. Guy, qui, après sa défaite, s'était réfugié dans son château de Brionne, fut, après un long siège, obligé de se rendre et de quitter la Normandie. Le Duc alors s'empara de ses domaines et de ceux de Néel le Vicomte, qui fut aussi obligé de s'expatrier. (1)

Quelque temps après, le Duc sépara Néhou du domaine de St-Sauveur auquel il avait été uni jusqu'alors, et le donna, avec titre de baronnie, à Baudouin de Meules, issu du sang des ducs et mari de sa nièce Albereda, ainsi que le comté de Vernon qu'il avait confisqué sur Guy de Bourgogne. (2)

Au bout de quelques années, le Duc fit grâce à Néel et lui permit de revenir en Normandie où il fut heureux de retrouver une partie de ses anciens domaines ; mais Néhou, que le Duc en avait démembré, resta à Baudouin et à ses descendans. Ainsi

---

(1) Order. Vital., lib. 8 et 12 ; Will. Gemet., lib. 7, cap. 17; Gesta Guill., p. 179; Trigan, t. 3, p. 4.
(2) Arch. de Néhou.

sortit cette terre de la famille à laquelle le duc Rollon l'avait concédée 135 ans auparavant, après en avoir reçu le nom qu'elle portera sans doute pendant long-temps.

Cette baronnie donnait à ses possesseurs le droit de séance à l'Echiquier de Normandie. Le baron de Néhou occupait, avec le vicomte de St-Sauveur, la seconde place parmi les barons du Cotentin. (1)

Au temps dont nous parlons, il n'y avait que des noms de baptême. Chaque seigneur portait le nom des terres qu'il avait reçues en apanage; et, ce qui achève de mettre le comble à la confusion, c'est que souvent la même personne changeait plusieurs fois de nom pendant sa vie. C'est ce qui va arriver relativement aux seigneurs qui entrent en possession de la terre de Néhou.

Afin de jeter quelque jour sur la suite de ses possesseurs, nous allons donner quelques détails sur cette ancienne famille. Godefroy, fils naturel de Richard 1er,

---

(1) Masseville, *Hist. de Norm.*, tom. 3.

duc de Normandie, eut un fils qu'on appela le comte Gislebert, et qui fut le père de Richard, et de Baudouin de Meules, auquel fut donnée la terre de Néel ou Néhou. Richard mourut en 1107. Baudouin de Meules eut un fils nommé Robert; nous ne nous en occuperons pas, il est étranger à notre histoire. Il avait un autre fils nommé Richard, seigneur de Reviers en Bessin, qui, héritant de son père, devint à sa mort comte de Vernon et baron de Néhou. Depuis cette époque, le surnom de ces seigneurs ou le nom de leur famille resta le même; ce fut le nom de Reviers-Vernon, et quelquefois simplement de Vernon. Richard de Reviers-Vernon mourut en 1137. Il avait épousé Adélis Paisnel, qui lui survécut et de laquelle il eut trois enfans, Baudouin, Robert et Guillaume. (1)

---

(1) Arch. Mss. de l'égl. de Néhou; Mémoire sur la Roquelle, par Delepière, Caen, Chalopin, 1773; M. Aug. Le Prevost, Notice sur Brionne.

Mathilde, la fille aînée de ce Guillaume, épousa Richard de la Haye-du-Puits, petit-fils d'Eudon-

LIVRE III. 33

Nous ne suivrons pas plus loin la généalogie de ces seigneurs. Guillaume, un de leurs descendans, qui mourut en 1283, était fils d'un Richard et d'Agnès. Il avait épousé Aix de Meulan, dont il eut trois filles, Marie, Mathilde et Jeanne, qui devinrent à sa mort héritières de ses vastes

au-Capel, fondateur de l'abbaye de Lessey. Richard de la Haye-du-Puits et Mathilde de Vernon, son épouse, fondèrent, vers 1155, l'abbaye de Blanchelande et le prieuré de St-Michel-du-Bosc. Ils furent l'un et l'autre inhumés dans l'église de Blanchelande. (*Extrait d'anc. chartes, commun. par M. Pierre Le Fillastre, de Bricquebec.*)

On y voyait encore leurs monumens sur la fin du règne de Bonaparte. M. de Gerville, dans ses *Recherches sur l'abbaye de Blanchelande*, s'exprime ainsi, en regrettant leur perte: « Les deux plus pré-
» cieux de ces monumens étaient les tombeaux de
» Richard de la Haye, fondateur de l'abbaye, et
» de Mathilde de Vernon, sa femme, dont les sta-
» tues, couchées sur leurs tombeaux, avaient le
» costume de la fin du XIIe siècle. Leurs épitaphes,
» gravées aussi en caractères contemporains, méri-
» taient toute l'attention des amateurs de la pa-
» léographie du moyen âge. Il en existe des copies
» dans le *Neustria pia.* »

domaines, et en qui s'éteignit la postérité de Reviers-Vernon. (1)

Richard et Baudouin de Meules, fils du Comte Gislebert, ayant suivi en 1066 le duc Guillaume en Angleterre, lorsqu'il y fut conquérir ce royaume dont la couronne lui avait été léguée par le roi St Edouard, et qu'un compétiteur lui avait usurpée, en reçurent de très-grands domaines. Mais ce n'est pas ici le lieu de parler de leurs richesses : nous ne nous occupons que de ce qui regarde la paroisse de Néhou.

Depuis la concession de cette terre à Baudouin de Meules, jusqu'en l'an 1086, nous ne voyons rien d'intéressant sur l'histoire de ce lieu. Les nouvelles possessions dont Guillaume-le-Conquérant, duc de Normandie et roi d'Angleterre, gratifia les fils du comte Gislebert et qu'ils possédaient simultanément avec leur baronnie de Néhou et ses grandes dépendances, durent établir entre l'Angleterre et ce

---

(1) Arch. de Néhou.

pays une communication fréquente ; mais nous n'avons là-dessus aucuns détails.

Quoi qu'il en soit, en l'an 1086, Richard de Vernon, seigneur-baron de Néhou, fils de Baudouin de Meules, inféoda à un chevalier nommé Guillaume, une partie de la terre et des forêts de cette paroisse. La terre en labour et en prairie qui lui fut inféodée comprenait, si on en croit les renseignemens que nous nous sommes procurés, les terres actuelles de la grande et de la petite *Mahéries*, quelques morceaux vers *Roulard*, et d'autres, très-étendus, au Nord de la paroisse, en face de *la Cour* de Magneville.

La portion de forêt qui fit partie de cette inféodation était très-considérable ; elle comprenait toute l'étendue de terrain formée par les limites de la paroisse de Néhou au bord des paroisses du Valdécie, de Fierville, de Besneville et de St-Sauveur ; par la direction de la route de St-Sauveur à Bricquebec et par une ligne de l'est à l'ouest, partant de cette route et se rendant au lieu où est aujourd'hui bâtie l'église du Valdécie; ce qui comprenait les bois des Essarts, de la Roquelle et de la Ramée, des Landelles, du Belarbre et des Vaux, qu'il ne faut pas confondre avec le Bosquesnay; de Reviers, de St-Jean-du-Bois, de la Corbière, de Bouilly ou du Lude, et de Danneville. Il faut pourtant retrancher de cet ensemble la terre aumônée plus tard au prieuré du Belarbre, laquelle resta en la possession du seigneur concesseur ou qui y rentra dans la suite, et peut-être quelques autres morceaux cédés précédemment à des vassaux de la baronnie. L'ensemble de ces portions de forêt, joint aux autres qui étaient restés aux seigneurs féodaux, au couchant de la route de St-Sauveur à Bricquebec, fut appelé *Montrond*, sans doute à cause que de presque tous les points de cette superficie la vue s'étend à des distances éloignées.

Celui se trouve désigné par *Monroont*, *Montroold* et *Modroold* dans nos plus anciennes chartes; d'autres du même temps, et postérieures, le désignent par *Mons rotundus*, mais la signification est la même. On ne doit donc point, comme plusieurs l'ont pensé, faire venir ce nom de *Mons Rochi* à cause que St Roch est honoré dans la chapelle de Montrond, car St Roch mourut dans le XIVe siècle, et le nom de ce lieu existait de la manière sus-mentionnée dans des chartes que nous possédons, lesquelles sont antérieures à St Roch de près de trois cents ans. Nous avons néanmoins, dans des actes de 250 ans, plus et moins, trouvé ce nom écrit comme s'il dérivait de St Roch, car il est écrit *Montroch*. Quoiqu'il en soit, si l'on suit la plus ancienne orthographe de ce nom de lieu, on écrira *Montrot* ou *Montrond*, à volonté, et si l'on suit la plus moderne, on écrira *Montroch*, ou plus simplement *Monroc*. Comme l'on peut choisir sur ces différentes manières d'écrire, attendu qu'elles sont toutes appuyées, c'est la dernière que nous préférons comme offrant la prononciation la plus agréable à l'oreille. Mais tout ceci est une digression, revenons à notre sujet.

Le crime de Jean-sans-Terre, qui assassina Arthur de Bretagne, dont il usurpa les droits, et qui était le légitime successeur de Richard Ier, roi d'Angleterre et duc de Normandie, ayant servi de prétexte à l'envahissement de cette province par le roi Philippe-Auguste, ce prince, qui depuis long-temps méditait cette conquête, ne négligea rien pour satisfaire ses désirs ambitieux. Les Bretons et beaucoup de seigneurs normands lui ayant demandé la punition de ce crime, Philippe, en sa qualité de suzerain, cita Jean-sans-Terre, oncle et lâche assassin de l'infortuné Arthur, devant la cour des Pairs; mais n'ayant point osé paraître, il fut, comme contumace, condamné à mort; et toutes ses terres dans le royaume furent déclarées confisquées. Philippe fit son entrée triomphante à Rouen, capitale du duché, le 1er Juillet 1204, et la Normandie, cédée au duc Rollon par l'un des descendans de Charlemagne, en 912, gouvernée par les rois d'Angleterre, qui étaient en même temps ducs de Normandie, depuis 1066, revint ainsi à la couronne de France, après en avoir été séparée pendant 292 ans.

Les seigneurs anglo-normands qui avaient accompagné le duc Guillaume à la conquête de l'Angleterre et qui en avaient reçu des terres et des seigneuries, avaient simultanément possédé, depuis 1066, ces nouveaux domaines et l'héritage de leurs ancêtres. Mais Philippe ne voulant point avoir de sujets partagés, les força d'opter entre leurs possessions d'Angleterre et celles de Normandie; un grand nombre ayant en Angleterre des biens beaucoup plus considérables qu'en Normandie, abandonnèrent la terre de leurs aïeux. (1) Mais Richard de Vernon, qui était alors seigneur-baron de Néhou, resta en France et le Roi lui remit la baronnie de Néhou et ses dépendances, moyennant le service de cinq chevaliers. (2)

---

(1) Les Hist. de Normandie.
(2) Lib. feod. Domini regis Philippi, ap. Lib. nigr. Constant.; Arch. de Néhou, chez M. de Gouberville, *et penès nos.*

Depuis cette époque jusqu'en 1283, où la mort du dernier seigneur de ce nom fit passer ses domaines en d'autres mains, on ne voit figurer en rien la famille des seigneurs de Vernon, sinon dans la concession de droits d'usages accordés par ce même seigneur, en vertu d'une charte de novembre 1261. Deux des concessionnaires étaient le seigneur du Saussay et Richard Fournel, seigneur du Quesnay-en-Golleville, vassaux nobles de la baronnie de Néhou, à cause de leurs terres (1).

---

(1) Arch. Mss. de Néhou et de la Maîtrise des eaux et forêts de Normandie.

LIVRE QUATRIÈME.

Le dernier seigneur de la famille des anciens barons s'appelait Guillaume de Vernon. A sa mort, arrivée en 1283, la baronnie de Néhou tomba en quenouille. Il ne laissa en mourant que trois filles, Mathilde, Marie et Jeanne, qui partagèrent entr'elles sa succession. Mais, comme elles voulurent conserver chacune le même titre que le seigneur leur père, elles firent de Néhou trois nouvelles baronnies: celle de la Châtellenie ou du Château, qui échut à Mathilde; celle de l'Angle, qui échut à Marie; et celle d'Orglandes, qui échut à Jeanne. Nous possédons une copie de ce partage, qui fut fait devant Pierre de Bailleux, vicomte de Valognes, et Chrestien le Chambelleur, bailli du Cotentin, en la susdite année, *le lundi après la fête de St Martin d'hiver.*

Ces trois nouvelles baronnies tirent leur nom des terres qui les composent. La première porta le nom de *baronnie du*

Château, parce que le château, chef-lieu de l'ancienne, fit partie de cette nouvelle baronnie. La seconde porta le nom de *baronnie de l'Angle*, parce qu'on appelait *l'Angle de Néhou* ce côté de la paroisse de Néhou dont elle était formée ; et la troisième enfin fut nommée *baronnie d'Orglandes*, parce qu'une grande partie du terrain qui la composait était situé dans la paroisse de ce nom.

Reprenons plus en détail ce qui concerne chacune de ces baronnies (1). Celle du Château se composait du château de Néhou, situé entre les églises de Néhou et de Ste-Colombe, avec tout le bourg de Néhou et les dépendances du château, telles que douves, avenues, moulins, fouleries et tanneries ; la juridiction de prévôté et les droits de la foire de Ste-Colombe, qui se tenait alors en cette paroisse, et qui a été depuis long-temps transférée à Rauville-la-Place, où elle se tient encore aujourd'hui.

---

(1) Tous ces détails anciens sur les trois baronnies sont extraits du partage de 1283, *penès nos*.

La portion de prairies qui faisait partie de cette baronnie était les marais et les prés qui se trouvent au nord et au levant du moulin de Néhou. Sa portion de forêt était celle qui comprenait toute l'étendue de terrain qui forme aujourd'hui la Bellegarde et le Buisson-de-Néhou, autrement appelé *Vente-à-Genêts*. Cette baronnie possédait en outre, ainsi que les deux autres, une grande quantité de rentes, de terres et de redevances dans d'autres paroisses, et donnait à son possesseur la suzeraineté de bien des fiefs ; mais ici, comme aux deux autres baronnies, nous omettrons tous ces détails, parce qu'ils seraient étrangers à notre sujet.

Quant au service de cinq chevaliers que le seigneur de Néhou devait en temps de guerre au château de Néhou, depuis la remise que lui en avait faite le roi Philippe-Auguste, quatre chevaliers, après le partage, devaient faire le service pour les trois seigneurs en commun, et les trois seigneurs étaient *tenus à faire le quint chevalier, eux autant l'un comme l'autre.* Cette clause est stipulée dans chacune des trois parties du partage de 1283.

La baronnie du Château passa dans la famille des seigneurs de la Haye par le mariage de Mathilde de Vernon avec Robert de la Haye, un de ces seigneurs (1). Nous avons déjà vu l'alliance d'un Richard de la Haye, avec Mathilde de Vernon, fille d'un autre Guillaume. Robert de la Haye dont il est ici question, était un des descendans de ce Richard et par conséquent des anciens seigneurs de la Haye-du-Puits, fondateurs du prieuré de St-Michel-du-Bosc, de l'abbaye de Lessey et de celle de Blanchelande. Ce qui nous autorise à avancer cette proposition, c'est que nous retrouvons les mêmes armes à ces différens seigneurs: ils portaient *d'or au sautoir d'azur.* D'autres branches cadettes de cette famille *brisèrent*, mais elles avaient les mêmes armes quant au fond. Nous les trouvons porter l'une *d'or au sautoir d'a-*

---

(1) Instrum. Nigelli humi.

zur sommé d'un agneau d'argent (1); une autre, laquelle possédait la baronnie de Montbray, et dont parle M. de Gerville dans sa notice sur le château de Montbray, portait *d'or au sautoir d'azur à un lambel de gueules.*

Quoi qu'il en soit, les seigneurs de la Haye possédèrent la baronnie du Château jusqu'après le milieu du XIVe siècle. Robert, petit-fils de celui qui épousa Mathilde de Vernon, vers 1283, échangea avec le roi Charles V, contre la châtellenie de Milly, dans le Gatinais, cette baronnie du Château, le 4 juin 1366 (2). Mais le Roi ne la posséda pas long-temps en paix. Les Anglais, que Geoffroy d'Harcourt, seigneur-châtelain de St-Sauveur-le-Vicomte, avait amenés dans le Cotentin, s'emparèrent du château de Néhou, chef-lieu de la baronnie, vers l'an 1370. Depuis ce temps jusqu'au siè-

---

(1) Extraits d'anc. chartes, communiq. par M. Pierre Le Fillastre, de Bricquebec.

(2) Arch. de Normandie et de la baron. de l'Angle.

cle suivant, cette forteresse suivit à peu-près la fortune de celle de St-Sauveur, c'est-à-dire qu'elle servit, comme celle de St-Sauveur, de boulevard aux Anglais, et que, comme celle de St-Sauveur elle fut rendue à la France en 1375, après le traité conclu entre la garnison anglaise et l'amiral Jean de Vienne, envoyé du roi Charles V (1). Quelques années après, ce prince donna la baronnie du Château à son grand chambellan le sir Bureau-de-la-Rivière, en même temps que la châtellenie de St-Sauveur et dépendances (2). Du sir Bureau-de-la-Rivière, cette baronnie passa, en 1392, avec celle de St-Sauveur, à Jean, sir d'Ivry, qui, en 1415, fut tué à la bataille d'Azincourt. (3)

On trouve, dit M. de Gerville, dans

---

(1) M. de Gerville, *Rech. sur les chât. de St-Sauveur et de Néhou.*

(2) *Id.*, d'après Rymer, tom. 7.

(3) Instrum. Nigelli humi ; M. de Gerville, d'après le Mémorial de la chambre des comptes de Paris, f.º 161 ; et Villaret, Hist. de France.

les preuves de l'Histoire de la Maison d'Harcourt, une donation de la baronnie de St-Sauveur, faite par le roi Charles VI, au comte d'Harcourt, pour en jouir sa vie durant, ainsi que l'avait fait le seigneur d'Ivry, auquel elle avait été précédemment concédée pour en jouir également sa vie durant.

Nous ignorons si la baronnie du Château faisait, cette fois, partie de la donation dont il s'agit. Il est probable qu'elle y était comprise, puisque dans les donations précédentes, et dans plusieurs de celles qui suivirent le départ des Anglais, ces seigneuries étaient réunies. Quoi qu'il en soit de cette question, cette donation, datée du 7 septembre 1418, fut sans effet. Les Anglais s'emparèrent de la forteresse la même année, et la gardèrent jusqu'en 1450, qu'ils furent forcés par Charles VII d'évacuer la Normandie. Elle repassa alors, avec le reste de la province, sous la domination française. (1)

---

(1) M. de Gerville, *loc. citat.*

Après l'évacuation de la Normandie par les Anglais, la baronnie du Château fut, encore avec celle de St-Sauveur, concédée à Adrien de Villequier, Chambellan du roi Charles VII, et à ses descendans jusqu'à défaut d'hoirs mâles. Plusieurs seigneurs du nom de Villequier la possédèrent successivement jusqu'en 1528, où, faute d'héritiers aptes à succéder, elle fut réunie au domaine de la couronne. (1)

Depuis cette époque jusqu'à la révolution, elle fut constamment engagée par le Roi à des particuliers, excepté pendant une partie du siècle dernier qu'elle le fut au droit du duc de Penthièvre auquel le Roi l'avait concédée. A peine eut-elle été réunie à la couronne, que le Roi l'engagea aux sieurs Loyr-du-Lude, écuyers, propriétaires de la terre du vieux Lude, à Néhou. Ils furent les engagistes et les seigneurs honoraires de cette baronnie depuis 1528 ou 1529 jusqu'en l'année 1631.

---

(1) Arch. et titres divers de la commune de Néhou; arch. de la Maîtr. des eaux et forêts.

Alors, elle fut engagée de nouveau à la famille des La Guiche-Saint-Géran, qui la conservèrent jusqu'en 1669. La châtellenie et les alentours avec les moulins furent engagés une seconde fois à MM. du Lude, et ceux-ci les possédèrent jusqu'en 1725. Quant à cette partie de la baronnie qu'on appelle le Buisson-de-Néhou et la Bellegarde, dù contien de vers 250 hectares, elle fut, après les La Guiche-Saint-Géran, engagée à messire Robert Le Pigeon, écuyer, seigneur de Magneville et d'Urville, et baron de l'Angle. Ce fief noble lui fut adjugé de nouveau par MM. les commissaires du Roi, le 19 septembre 1675, en vertu d'une déclaration du Roi du 8 avril 1672. Messire le Pigeon de Magneville devait la tenir à titre d'inféodation sous la mouvance de Sa Majesté et de la Couronne, avec obligation d'en rendre au Roi les foi et hommage. En 1725, MM. du Lude étant sortis de la châtellenie, elle fut aussi engagée audit messire de Magneville, baron de l'Angle, qui devint par là possesseur de toute la baronnie du Château (1).

L'inféodation du Buisson-de-Néhou et de la Bellegarde, faite par le Roi au seigneur de Magneville en 1675, avait été consentie moyennant une somme d'argent que ledit seigneur avait versée : et il était en droit de garder ces terres jusqu'à son remboursement. Néanmoins, ayant plu au Roi de faire en 1750 une nouvelle revente de ses domaines engagés, ledit fief noble du Buisson et de la Bellegarde fut adjugé le 20 août de ladite année au sieur Varlet, avocat, qui porta ces biens à 976 livres au-dessus de la finance qu'avait payée le seigneur de Magneville, baron de l'Angle (2).

Il intenta alors un procès, qui fut porté au Conseil d'État, et dont nous ignorons l'issue. Ce fut à cette occasion qu'un démembrement de la baronnie du Château,

---

(1) Arch. de la baronnie de l'Angle, comm. par le sieur Jean Nicole, archiviste, de Bricquebec, et divers autres titres.

(2) Instrum. sup. citat.

connu sous le nom de *Vieille-Butte*, lui fut abandonné en propriété. Le *Petit-Bois*, sorti, comme la *Vieille-Butte*, de la baronnie du Château, provient d'autres arrangemens que nous ignorons. On sait que c'est par héritage que ces terres (la *Vieille-Butte* et le *Petit-Bois*) sont échues à M. Le Fèvre de la Grimonnière, qui les possède aujourd'hui.

Quoi qu'il en soit de l'issue du procès intenté par le seigneur de Magneville, la baronnie fut engagée le 18 mars 1778 au sieur Jean Devaux, qui la possédait à l'époque de la révolution, et qui, n'ayant pas satisfait à la loi du 10 frimaire an 2, sur les domaines engagés, en fut dépossédé le 9 fructidor suivant par le Domaine. La châtellenie, ou le château et ses alentours avec les moulins, ont été vendus depuis à des particuliers.

Quant au Buisson ou Vente-à-Genêts, un arrêt du Conseil d'État du 21 septembre 1779 autorisa M. Devaux à le défricher et à en jouir pendant cinquante ans à compter du 4 décembre 1777; et, par ce

même arrêt, il fut chargé, « suivant ses
» offres, de faire ledit défrichement à ses
» frais, de remettre à l'expiration desdites
» cinquante années toutes lesdites terres
» en bon état de culture, ainsi que les fer-
» mes et bâtimens qui pourront avoir été
» construits sur icelles, sans aucune ré-
» pétition. »

Pendant la durée de sa jouissance, M. Devaux disposa de ces terrains par des baux emphytéotiques dont le terme est expiré il y a quelques années; en sorte que ces biens sont rentrés en 1832 dans la main de l'État, avec les améliorations résultant des défrichemens et des constructions, conformément à l'arrêt précité du 21 septembre 1779. Mais comme les particuliers détenteurs de ces terrains avaient depuis long-temps demandé à en être conservés propriétaires incommutables, moyennant le paiement perpétuel des rentes emphytéotiques, le Gouvernement a accédé à leur demande, à quelques modifications près; de sorte qu'ils sont aujourd'hui propriétaires et libres de s'affranchir du paiement de leurs rentes en versant le capital.

La Bellegarde, qui faisait précédemment partie de ce domaine est constamment demeurée, comme le Buisson, la propriété de l'État, depuis le 9 fructidor précité, jusqu'en 1830, qu'elle a été vendue pour le prix de cent onze mille francs. Le prix du loyer de cette terre, se payait, avec les rentes du Buisson, à la recette du domaine de St-Sauveur.

Comme les deux autres parties de la succession de Guillaume de Vernon, la baronnie du Château était grevée de droits d'usages concédés anciennement à des vassaux. Mais ces vassaux usagers ont laissé perdre leurs droits par la négligence qu'ils ont mise à faire valoir leurs titres dans ces derniers temps. Ces droits d'usages étaient cependant bien connus, et avaient été jadis le sujet d'un long procès.

Les sieurs Quesnel et Blondel, se disant commis par le Roi, entreprirent dans le XVIe siècle d'aliéner les terres du

Buisson-de-Néhou, lequel appartenait au Roi, en vertu de l'échange de 1366. Les usagers n'ayant point pris le cantonnement des droits d'usages qui leur étaient dûs dans cette forêt de la baronnie du Château, étaient en droit d'empêcher l'aliénation de ces biens. Richard Le Bredonchel, un des usagers, s'y opposa, tant en son nom qu'au nom de tous les usagers de Néhou en général, relevant du seigneur de Mouy, baron de l'Angle. Le procès fut porté au parlement de Rouen, lequel, sur les poursuites dudit Richard Le Bredonchel, rendit un arrêt contre M. le procureur-général du Roi, le 2 mai 1597. Cet arrêt fait main-levée définitive des droits d'usages, aux familles qui habitaient Néhou sur fondement quarante ans avant cette instance, et fait défense aux sieurs Quesnel et Blondel de passer outre à leurs prétendues commissions (1).

Le sieur Jacques Delacour, syndic des

---

(1) Arch. des eaux et forêts; Mém. de J. Delacour; divers titres chez M. Pierre Delamare.

usagers, avait intenté un procès dans les cinq ans prescrits par la loi du 28 août 1792, pour, au terme de cette loi, révendiquer les deux parts des rentes emphytéotiques dues aux usagers en conséquence de cet arrêt de 1597 ; mais ce procès n'a point été terminé : de sorte qu'aujourd'hui les droits des usagers sur cet immeuble sont évidemment perdus sans ressource.

Les prés possédés actuellement par les usagers, lesquels avaient fait jadis partie de la baronnie du Château, et sur le loyer desquels on prend aujourd'hui le traitement des vicaires de la paroisse, n'ont point été cédés comme cantonnement de droits d'usages. Ils sont le résultat d'un échange fait en 1696 entre le Roi et les usagers. Nous en parlerons à l'article de la baronnie de l'Angle.

Quant au bourg de Néhou et au château chef-lieu de la première des trois baronnies nouvelles, nous avons peu de documens sur leur état ancien et sur le temps de leur décadence. Le château, si l'on en juge par la richesse et la puissance des seigneurs qui l'ont possédé, par la solidité de ce qui en reste et par l'étendue qu'il semble avoir occupée, était très-considérable. Il existait sans doute encore dans toute sa splendeur en 1366, au temps où Richard de la Haye le céda au Roi : car depuis Néel, son fondateur, jusqu'à cette époque, il avait toujours été habité par les seigneurs de Néhou. Passant, peu de temps après, sous la domination des Anglais, qui en firent une forteresse et qui s'y maintinrent avec des alternatives de bon et de mauvais succès jusqu'en 1450, il est probable qu'il fut bien maltraité et que les dépendances en furent bien dégradées pendant cet intervalle, si toutefois ce ne fut pas là l'époque de sa démolition. Nous penchons d'autant plus volontiers vers ce dernier sentiment, qu'une prisée, ou estimation de cette baronnie, qui fut faite au mois de janvier 1473, vingt-trois ans après le départ des Anglais, laquelle se trouve aux archives du château de St-Sauveur et dont nous possédons une copie, ne parle plus que des ruines de ce château de Néhou. Voici ce qu'on lit textuellement dans cette pièce: *audict lieu de Néhou a motte, ou soulloit avoir un bel et fort chastel, et sont les fossés doubles pleins d'eau tout à l'entour de la dicte motte, etc.* Or, nous ne voyons dans l'histoire, pendant les vingt-trois ans qui précédèrent la confection de cette prisée, aucun fait auquel on puisse rattacher la démolition de ce château, ni aucune circonstance dans laquelle se soit trouvée l'occasion de le démolir. Tout porte donc à croire qu'il fut assiégé pendant le temps de la domination anglaise; et que, s'il ne fut pas entièrement démoli dans ces conjonctures, c'est au moins à cette époque qu'il faut rapporter sa décadence.

Au moment où fut faite la prisée de 1473, outre que ce château possédait encore des détails qu'il ne possède plus aujourd'hui, on voyait tout auprès, entre ses ruines, la chaussée et le pont du Boëlle, un vaste étang, du contien de trois *vergées*. A côté des ruines du château, existait un colombier de *cent pieds de tour et de soixante pieds de haut.* Plus loin, auprès de l'étang, se trouvaient 250 *vergées* (50 hectares) de terre, nommées *les Plaines à Launey-Benest*, lesquelles 250 *vergées* de terre étaient plantées et couvertes d'aunes et de saules, et qui aujourd'hui ne forment plus qu'un marais.

On sait que le château de Néhou fut bâti dans un lieu marécageux, et qu'on pouvait facilement en inonder les approches. C'était un des meilleurs moyens de défense dans le moyen âge. On y remarque cependant encore aujourd'hui, au côté du couchant, des retranchemens, qui servaient de ce côté à en défendre l'accès, dans ces temps où l'artillerie n'était point employée dans l'attaque des places fortes. Une partie du donjon existait encore dans le siècle dernier. C'était une grosse tour carrée, qui s'élevait jadis à une grande hauteur. Mais, minée peu à peu par le pied à force d'en extraire la pierre de taille dont elle était construite, elle s'écroula tout-à-coup, pendant

dant une tempête, le lundi d'avant les *Cendres*, en l'année 1771. Ce château n'offre plus aujourd'hui qu'un amas de décombres épars autour du reste de ses murs qu'embrasse le lierre séculaire; qui f.ppent encore par leur solidité, et qui sont encore capables de braver les orages pendant plusieurs siècles.

Le bourg de Néhou souffrit sans doute aussi beaucoup à l'occasion et pendant le temps de l'occupation des Anglais; du moins, nous n'en voyons aucune mention depuis cette époque. On n'a pas de renseignemens sur son importance, mais il est probable qu'il ne fut jamais bien considérable, puisqu'il a été détruit sans qu'aucuns monumens, aucunes histoires ni aucunes traditions nous aient transmis le moindre détail sur sa destruction. Néanmoins, on trouve des restes de fondations et des pans de murailles très-solides tout le long du chemin, presque depuis le pont du Boëlle jusqu'à l'église de Ste-Colombe et dans les prairies adjacentes, à droite et à gauche de la route.

Ceci, joint à tout ce qui en est dit dans nos archives du moyen âge, ne laisse aucun doute sur l'existence passée de ce bourg. Mais, quoiqu'il ne remonte pas à une longue suite de siècles, son histoire se perd dans la nuit des temps; et, ce n'est pas sans des sentimens involontaires de mélancolie, au souvenir de ce que ce lieu fut autrefois, qu'on marche aujourd'hui sur ces débris, qui n'offrent pas même des ruines, et qui ne rappellent à l'esprit que des idées de solitude et d'anéantissement.

Il s'y tenait autrefois un marché le Dimanche, lequel par conséquent n'était guère considérable. Le roi Philippe-le-Bel le fit transporter au lundi, par une ordonnance que nous possédons, et qui fut rendue à Paris en l'an 1288, *le mercredi après la fête Ste Luce, Vierge.*

Ce marché a existé à Néhou pendant long-temps; mais nous ignorons en quel temps il a cessé. Nous trouvons dans le cartulaire de Montebourg une charte où il est fait mention de la *mesure de 22 pots* ou *de Néhou*; d'où l'on peut conclure que le marché existait au moins à cette époque. Or, dans cette charte, il est question d'un arrangement fait sous l'épiscopat de Guillaume de Tournebut, qui fut Évêque de Coutances depuis 1182 jusqu'en 1199. D'un autre côté, nous trouvons des actes faits il y a deux siècles qui en parlent de même. Il y aurait donc apparence que le marché de Néhou y aurait été tenu pendant près de cinq cents ans, par conséquent, selon toutes les apparences, longtemps encore après que le bourg n'a plus existé, ou du moins depuis qu'il a perdu son importance.

LIVRE CINQUIÈME.

La baronnie de l'Angle, seconde partie de la succession de Guillaume de Vernon, ou de l'ancienne baronnie de Néhou, se composait de toute l'étendue de terrain compris entre la Beurrière (qui était une partie de la terre de Néhou, au nord de la paroisse, inféodée en 1086 au chevalier Guillaume, connu plus tard sous le nom de *Reviers-la-Beurrière*), la baronnie du Château et la route de St-Sauveur à Bricquebec, hormis ce que nous avons dit appartenir, dans ces limites, à l'inféodation faite audit seigneur de la Beurrière en 1086. Les prairies de cette baronnie tiraient par conséquent vers le Hecquet ; sa portion de forêt était le bois du Parc dans toute son étendue. Telles étaient les terres, situées dans Néhou, qui formaient cette baronnie.

Elle a changé une grande quantité de fois de possesseurs ; pour ne point ennuyer nos lecteurs, nous ne ferons que les citer, sans donner sur chacun d'eux des détails que souvent nous ne connaissons que d'une manière imparfaite.

Elle fut d'abord possédée par Guillaume de Cailletot, qui épousa Marie de Vernon, fille du dernier seigneur de ce nom. Il ne sortit qu'une fille de ce mariage. Elle épousa Guillaume Avenel, sire des Biards et seigneur d'Amfréville (1), qui devint par-là baron de l'Angle. Il possédait cette baronnie en 1329, laquelle resta dans cette famille jusqu'au moins en 1503, qu'elle passa à Jean de Tardes, encore seigneur d'Amfréville, en conséquence de son mariage avec Françoise des Biards, descendue de Guyon, baron des Biards en 1454 (2). Françoise de Tar-

---

(1) Quelques années auparavant, la seigneurie d'Amfréville appartenait à la famille de Reviers-la-Beurrière.

(2) Ces détails sont tirés en partie d'un extrait du *Livre blanc* de Coutances, et de la Notice de M. de Gerville sur le château d'Amfréville. Ce qui va suivre est tiré d'aveux et autres titres, et des Arch. des eaux et forêts de Normandie.

des, fille de François, ayant épousé en 1533 Nicolas, baron de Mouy, fit passer dans cette famille la seigneurie d'Amfréville et la baronnie de l'Angle. Elle fut possédée par Antoine de Mouy, leur fils, qui la possédait encore en 1553. Elle fut ensuite vendue par ce seigneur ou par son fils à Messire Nicolas de Briroy, seigneur de Fierville, auquel des aveux furent rendus en 1606 et en 1608. En 1617 et en 1624, nous la trouvons possédée par Messire Robert de Piennes, seigneur de Beuzeville, à cause de la dame Diane de Thieuville, son épouse. Dix-neuf ans plus tard, c'est-à-dire en 1643, elle appartenait à Gilles de Cauvel, seigneur du Saussay, à cause de la demoiselle Françoise de Briroy, son épouse. Elle fut ensuite achetée par Jacques d'Harcourt, qui la possédait en 1651, et qui la revendit au bout de dix ans à Robert Le Pigeon, seigneur de Magneville, de la famille duquel elle a passé par héritage à MM. de Querqueville et ensuite à M. de La Grimonnière, propriétaire actuel.

La baronnie de l'Angle a été long-temps sans posséder de château ou de manoir seigneurial. Ce ne fut que plus d'un siècle après son établissement que les barons firent construire celui qui existe encore aujourd'hui. Il fut dans le principe le chef-lieu de la baronnie; mais depuis long-temps il ne sert plus qu'à loger les fermiers de la terre qui a retenu le nom de *Baronnie*, quoiqu'elle ne soit qu'une très-faible partie de la baronnie primitive. On sait que les barons de l'Angle n'ont presque jamais fait leur séjour à Néhou: ceci explique facilement l'absence d'un manoir seigneurial pour cette baronnie pendant la première période de son existence.

Une grande partie des terres qui la composaient ont été fieffées ou vendues à des particuliers, à charge qu'elles seraient par eux tenues sous la prévôté de l'Angle, que les acquéreurs en rendraient aveu au seigneur, et qu'ils lui paieraient une ou plusieurs rentes seigneuriales. Il n'entre pas dans notre plan de dire le temps où chaque démembrement de la baronnie a été fait; il faudrait d'ailleurs pour cela des recherches minutieuses dans les papiers de famille, lesquelles n'auraient le plus souvent aucun résultat satisfaisant. Il nous suffit de dire que les terres sorties de la baronnie ou prévôté de l'Angle, étant les plus fertiles de la paroisse, ont été probablement des premières qui y aient été mises en culture. Les personnes qui désireraient sur ces terrains de plus longs détails, peuvent consulter les registres des pleiges de la baronnie (le sieur Jean Noël, habitant de la commune, possède un de ces registres). Ce qu'il y a de certain, c'est qu'une grande partie des terres dont il s'agit était cultivée bien antérieurement à l'établissement de la baronnie de l'Angle.

Comme celles de la baronnie du Château, les terres dont a été formée la baronnie de l'Angle avaient été grévées de droits d'usages concédés à des particuliers par les anciens seigneurs de Néhou, dont ceux de l'Angle étaient les représentants en tierce partie. Ces droits devaient être exercés dans le bois du Parc et dans les marais, du côté du Hecquet; mais cet exercice ne s'est pas fait régulièrement et librement. Beaucoup de procès eurent lieu à cette occasion par les habitans contre les seigneurs, notamment en 1669, 1688, 1718, 1721 et 1768; mais la plupart de ces procès n'ont pas eu de résultat (1); et ce ne fut qu'en 1800, où une transaction fut faite entre les usagers et les représentants des anciens seigneurs, que toutes les contestations furent finies.

Quant à leurs droits sur le marais, les usagers en ont toujours usé, et même ils ont tenté de les outrepasser en 1696, époque où ils firent un échange de ces terrains avec le Roi. Le haras de Sa Majesté étant au Quesnoy, à St-Sauveur, les prairies de sa baronnie du Château étaient trop éloignées pour pouvoir en faire usage. Il était donc expédient de faire un échange avec les habitans-usagers de Néhou, et

___

(1) Mém. de Delepière.

de leur céder un morceau des prairies de la baronnie du Château, afin d'en obtenir un autre morceau plus rapproché du haras. A cet effet, M. Foucault, intendant de la Généralité de Caen, vint à Néhou, fit assembler les habitans, et leur proposa l'échange sus-mentionné, au dire d'experts. Il fut décidé que les habitans de Néhou abandonnaient au Roi un morceau des prairies de la baronnie de l'Angle, et que Sa Majesté donnait en échange une portion des prairies de sa baronnie du Château. C'est de cet échange que sont provenus les prés sur le loyer desquels on paie les vicaires de la paroisse.

On voit que dans cet accord les usagers agissaient comme propriétaires. Cependant ils n'avaient que des droits d'usages. Aussi, le baron de l'Angle les attaqua, en sa qualité de seigneur tréfoncier. Il prouva qu'il était le propriétaire de ces terres, et fit défense au fermier de la partie dévolue aux habitans de Néhou de payer en leurs mains, avant que le tiers du prix du loyer ne lui eût été versé. On lui accorda donc le tiers des revenus, et il laissa les deux autres tiers pour remplir les usages. Lors de la transaction de 1800, on céda à son successeur le pré de la Tannerie pour son droit de propriété ; le reste est demeuré la propriété des usagers.

LIVRE SIXIÈME.

La troisième baronnie de Néhou fut connue sous le nom de *baronnie d'Orglandes* (1). Elle se composait de toute la vaste forêt du Boscquesnay, située à Néhou, laquelle s'étendait sur le Valdécie, et des marais d'Orglandes, situés à Orglandes, commençant au Crosley, longeant le territoire des communes d'Orglandes, d'un côté, de Gourbesville et du Ham, de l'autre, et se terminant au moulin de Rouvillette. Comme la partie de la paroisse de Néhou qui forma le domaine de cette baronnie n'était pas d'aussi bonne qualité que la part des deux autres, ce fut à cette troisième baronnie que furent attachées les terres que le seigneur de Néhou possédait à Barneville, lesquelles sont sans doute depuis fort long-temps sorties du domaine de cette baronnie, car le partage de 1283 est le dernier acte qui en parle.

La baronnie d'Orglandes passa dans la

---

(1) Il ne faut pas confondre la baronnie d'Orglandes avec la seigneurie de la paroisse de ce nom: ce sont deux établissemens tout-à-fait différens.

famille des seigeurs de Brucourt, par le mariage de Jeanne de Vernon avec Guillaume de Brucourt un de ces seigneurs (1). Mais elle ne resta pas long-temps dans cette famille, car Jeanne de Brucourt, leur fille, ayant épousé un seigneur Douessey, la porta par cette alliance dans celle de Douessey. Nous retrouvons les noms de ces barons dans plusieurs titres, et entr'autres dans un extrait des archives de la Maîtrise des eaux et forêts, à l'occasion d'une sentence rendue le 8 juin 1491 à la Sénéchaussée d'Orglandes, entre le procureur de ladite baronnie et Jean de Pittebout, propriétaire d'une partie de la vavassorie de Gonneville.

Messire Jean Douessey, baron d'Orglandes en 1493, eut deux fils, Jean, et Jean surnommé *le Jeune*. Dans leurs partages, qui sont du 16 février 1506, la baronnie d'Orglandes échut à l'aîné. Julien Douessey, son fils, vendit cette terre, le 28 novembre 1542, à Messire François de Bourbon, comte de St-Pol, lequel ayant

(1) Arch. de Néhou.

épousé Adrienne d'Estouteville, unique héritière des grands biens de la Maison d'Estouteville (entr'autres de la baronnie de Bricquebec), en prit le nom avec les armes, en écartelure avec celles que ledit comte portait de son chef; et cela par ordre du roi François Ier, le 15 février 1534 (1).

François de Bourbon, comte de St-Pol, devenu par son mariage baron de Bricquebec, et Adrienne, duchesse d'Estouteville, son épouse, n'eurent qu'une fille nommée *Marie*, laquelle, héritant de tous leurs biens, devint baronne d'Orglandes, et fit passer cette baronnie dans la Maison d'Orléans-Longueville, en épousant Léonor d'Orléans, duc de Dunois et de Longueville. Léonor d'Orléans et Marie de Bourbon eurent trois fils et quatre filles; Henri, l'aîné, posséda la baronnie après

---

(1) Extrait d'une description de la baronnie de Bricquebec, faite par M. Simon, Archiviste de Mlle de Matignon, communiqué par M. P. Le Fillastre, de Bricquebec. — Arch. du Chât. de Bricquebec.

eux. De son mariage avec Catherine de Gonzague et de Clèves, il eut un fils nommé *Henri* qui devint baron d'Orglandes à la mort de son père.

Ce Henri d'Orléans-Longueville, deuxième du nom, épousa Anne-Geneviève de Bourbon. Marie d'Orléans, leur fille, épouse de Henri de Savoie, duc de Nemours, morte sans enfans, en 1707, posséda la baronnie d'Orglandes après la mort de son père et la vendit, avec les terres de Bricquebec et de Blosville, à Monseigneur Charles-Auguste de Matignon, Maréchal de France, petit-fils du Maréchal Charles de Matignon, qui avait épousé à Rouen, en 1696, la princesse Eléonore d'Orléans, fille de Léonor d'Orléans, duc de Longueville, et de Marie de Bourbon, duchesse de Longueville (1). Cette baronnie est ainsi restée dans la Maison de Matignon presque jusqu'à la révolution. Elle était passée quelques années aupa-

---

(1) Tous ces détails sont extraits des Archives du Château de Bricquebec.

ravant dans celle de Montmorency, en conséquence du mariage de Mademoiselle de Matignon, héritière de cette baronnie, avec le fils aîné du duc de Montmorency. Mais à l'époque de la révolution, ce qui en restait fut confisqué comme bien d'émigré, et vendu à un particulier.

De nombreuses dévastations avaient eu lieu autrefois dans la forêt de cette baronnie. Elle était, comme les deux précédentes, grévée de droits d'usages ; mais ce prétexte de droits d'usages avait donné lieu à toute sorte d'abus : elle était tellement ravagée au commencement du siècle dernier, qu'il n'y restait presque plus rien (1). Ce fut pour mettre un terme à cet état de choses que le seigneur Maréchal de Matignon, conformément aux anciennes ordonnances (2), obtint, le 20 novembre 1719, une sentence, rendue en la Maîtrise de Valognes, laquelle autorisait ledit seigneur à faire opérer le cantonnement de la forêt, et ordonnait

---

(1) Mém. de Delepière.
(2) St-Yon, liv. 3, tit. 27.

que les parties conviendraient d'experts pour en faire le partage, faute de quoi il en serait nommé d'office, sauf audit seigneur à contredire lesdits droits, s'il avisait que bien fût. Un arrêt du Conseil d'État, du 30 août 1729, fit opérer le cantonnement, et le partage en fut fait en 1734 (1). On lit dans ces titres que chaque usager a droit de se faire liquider sa part. MM. Le Pigeon, seigneurs de Magneville, prirent la leur dans la portion qui borde le Valdécie; les autres usagers ont continué de jouir en commun. La part du seigneur de Matignon est la terre qui forme aujourd'ui la ferme du Boscquesnay; le reste, qui fut donné aux usagers, en extinction de leurs droits d'usages, est la lande qui porte de même le nom de Boscquesnay.

Cette baronnie n'avait point de prairies dans Néhou : nous avons dit que sa portion de marais était à Orglandes. On ignore si cet immeuble avait été grévé de droits

---

(1) Titres de la commune de Néhou.

d'usages. Il est probable qu'il en était ainsi, puisqu'avant 1594 les habitans d'Orglandes y envoyaient paître leurs bestiaux de temps immémorial. Quoi qu'il en soit, en cette dite année, Madame Marie de Bourbon, duchesse de Longueville, ayant fait proclamer dans la paroisse d'Orglandes et dans les lieux circonvoisins que cette terre était à fiéffer, une députation des habitans vint à Bricquebec, où se trouvait alors cette duchesse, et ils lui présentèrent requête, tendant à être conservés et maintenus dans les droits d'usages par eux prétendus dans ce marais, ou à obtenir une partie dudit marais en toute propriété. Cette demande ne fut pas d'abord bien accueillie par la princesse; elle leur prouva que non seulement elle était tréfoncière, mais encore qu'ils n'avaient aucuns des droits qu'ils prétendaient leur appartenir; en sorte que les parties se trouvèrent sur le point de tomber en contestation et d'entamer un procès. Cependant, après que les habitans d'Orglandes eurent reconnu et avoué véritable le soutien de la duchesse de Longueville, cette princesse octroya leur demande. Les guerres de religion qui se firent pendant le XVIe siècle entre les catholiques et les Protestans, avaient occasionné bien des ravages dans tout le Cotentin, et notamment à Orglandes, où l'on trouve encore un cimetière de huguenots au village de Marteauville. Mais la Ligue, qui suivit et qui signala toute la fin du règne de Henri III, quoiqu'ayant occasionné moins de ravages dans le reste du pays, fut cependant plus fatale à cette paroisse. Il y eut à Orglandes, dans ces conjonctures, des troubles graves, et des manifestations d'esprit de parti tellement prononcées, que des familles entières furent presque ruinées par malveillance. Ce fut en considération de ces malheurs, que la duchesse de Longueville abandonna aux habitans la propriété de plus des deux tiers de ce morceau du domaine de sa baronnie (1).

L'acte de concession (qui en parle) fut

---

(1) Ces détails sont extraits des Archives du château de Bricquebec.

passé devant les tabellions de Bricquebec, le 25 septembre 1594, et l'original existe encore aujourd'hui. Nous l'avons nous-même copié au notariat de Bricquebec pour les habitans d'Orglandes, aux fins de les maintenir dans la possession de ce morceau de marais qu'ont tenté de revendiquer, comme dans tant d'autres communes, les concessionnaires des prétendus droits de la Maison d'Orléans. Peu d'années avant la révolution, le seigneur de Montmorency avait vendu à des particuliers la portion que la duchesse de Longueville s'était réservée en 1594; en sorte qu'en 1792 la ferme du Boscquesnay a été la seule partie de la baronnie d'Orglandes qui ait été confisquée.

Au haut de la forêt ou lande du Boscquesnay, se trouve la terre dite de *Gonneville*, laquelle, au premier abord, semblerait avoir fait partie de la baronnie d'Orglandes. Cependant, elle en a toujours été distincte, et nous croyons devoir en parler ici, afin de n'être point obligé de revenir de ce côté-là. Ce fief était bien
plus

plus considérable autrefois qu'il n'est aujourd'hui. Outre la terre de Gonneville proprement dite, il possédait au haut de la lande du Boscquesnay 150 arpents de forêt (1). Depuis le XIIe siècle, cette terre était sensée hors le domaine de Néhou. Les seigneurs en avaient fait une vavassorie, c'est-à-dire un fief noble dépendant d'un autre fief. Or, c'était aux anciens seigneurs de Néhou qu'appartenait la seigneurie de Gonneville, au Val-de-Saire, et ce fut du domaine ou de la seigneurie de cette paroisse qu'ils firent dépendre la terre dont nous parlons, et qu'ils lui firent porter le nom de *Vavassorie de Gonneville ;* nom sous lequel on l'a désignée autrefois dans les actes qui y ont rapport, mais qui s'est réduit au nom de *Gonneville* tout simplement.

Nous ignorons combien de temps après le XIIe siècle les seigneurs de Néhou possédèrent la seigneurie de la paroisse de Gonneville et par conséquent la suzeraineté

---

(1) Mém. de Delepière.

de la vavassorie dont il s'agit. Guillaume de Vernon donna en 1152 à l'abbaye de Montebourg les dîmes de la paroisse de Gonneville dont il était seigneur (1); mais ce qu'il y a de certain, c'est qu'il y a fort long-temps que cette seigneurie n'appartient plus aux seigneurs de Néhou.

Les Anglais appelaient petits *thanes* ceux qui possédaient des terres de la nature de celle de Gonneville, et ils nommaient ces terres *blockland;* mais les Normands leur donnèrent le nom de *vavasseurs*, et à leurs terres celui de *vavassories*. Ils n'étaient pas toujours gentilshommes, mais ils avaient droit de disposer de leurs terres; et, à leur mort, elles passaient par succession à leurs héritiers, mais toujours avec la charge de rendre au suzerain l'hommage et le service (2).

Les plus anciens vavasseurs de Gonneville que l'on connaisse sont les Pittebout.

---

(1) Cartul. de Montebourg, f.º LXVIII.º
(2) Vies des Saints d'Alban Butler, trad. par Godescard, tom. 3, *in-12*, page 246, *note*.

Mais il faut observer que dans sa première période, cette vavassorie fut simultanément possédée par plusieurs familles. Nous y en trouvons trois en 1486, en 1491 et en 1502 : Jean de Pittebout, écuyer, Jean Travers, et un sire d'Auxais. Nous retrouvons cette vavassorie possédée en 1634, 1636 et 1672, par les familles de Pittebout et de Pigache. Elle fut possédée après eux par Messire François-Léonor de Beaudrap-Douessey et resta dans cette famille jusqu'après la mort des demoiselles de Beaudrap-Douessey, desquelles elle a passé par héritage à la famille de Beaudrap de Sotteville, qui l'a revendue il y a quelques années (1).

---

(1) Aveux et titres divers de la commune de Néhou.

LIVRE SEPTIÈME.

Nous avons, à quelque chose près, rappelé l'histoire de l'ancienne baronnie de Néhou et des trois baronnies nouvelles qui lui ont succédé. Il est temps de revenir à la grande inféodation de 1086, laquelle emportait à elle seule le tiers du territoire de la commune.

Comme nous aurons souvent à parler de la famille du concessionnaire de cette portion de la paroisse de Néhou, nous allons en donner une notion suffisante pour l'intelligence de ce que nous aurons à en dire. Nous observerons d'abord qu'il ne nous est resté aucuns renseignemens sur son origine. Le chevalier Guillaume, que nous voyons devenir en 1086 vassal noble de la baronnie, obtenant d'un seigneur du nom de Reviers les terres qui formèrent son domaine, les appela *terre de Reviers* et prit lui-même le nom de Guillaume *de Reviers*, nom que portait le baron Richard, fils de Baudouin, avant de porter celui de Vernon qu'il y joignit dans la suite. Le chevalier Guillaume de Reviers fit aussitôt bâtir sur cette nouvelle seigneurie un château qu'il nomma *la Beurrière*. Ce nom fut bientôt ajouté à celui qu'il avait adopté, et on désigna dans la suite cette famille par le nom de *Reviers-de-la-Beurrière* (1). C'est de cette source qu'est sortie la tige des Reviers, seigneurs de la Sagerie, dans la commune de Coudeville, canton de Bréhal. Ce qui nous autorise à le conclure, c'est l'identité des armoiries : ceux de Néhou portaient *d'or à six losanges de gueules, trois, deux, un;* ceux de Coudeville formaient une branche cadette et avaient brisé : ils portaient *d'argent à six losanges de gueules, trois, deux, un* (2).

Guillaume de Reviers-de-la-Beurrière eut un fils nommé Richard, lequel eut une épouse nommée Béatrix. Il en eut

---

(1) Delepière, sur titres.
(2) Voy. la Recherche de Montfault, l'Armorial de Norm. et le dictionn. de L. C. Desbois

deux enfans, Guillaume et Baudouin. Ce Richard vivait encore en 1173. Ces seigneurs possédaient la seigneurie d'Amfréville : elle échut à Baudouin, après la mort de son père, et Guillaume eut la terre de Reviers à Néhou. Ce Guillaume mourut sans postérité et laissa pour héritiers Baudouin et ses descendans. De ce Baudouin et de Luce, son épouse, sortit Guillaume, et audit Guillaume succéda Richard (1).

Cet aperçu suffit pour mettre le lecteur à portée de se reconnaître dans les diverses citations que nous aurons à faire des noms de ces seigneurs, qui, par leur conformité, seraient de nature à jeter de la confusion dans l'ordre des faits.

L'inféodation obtenue en 1086 par le chevalier Guillaume de Reviers-la-Beurrière fut accompagnée de droits d'usages dans la portion de la forêt de Monroc restée au concesseur. Ces usages consistaient, suivant d'anciennes traductions

---

(1) Arch. de Néhou; Mém. sur la Roquelle, par Delepière, pag. 20 et 26.

des titres primitifs écrits en langue latine, 1.º dans un droit de *gros chauffage* (1) et de *grosse réparation* (2). 2.º Dans un droit de pâturage, tel que *pâcage*, *pânage* (3) et *broutage*. Ce dernier droit est accordé non seulement pour Guillaume de Reviers, mais encore pour ses vassaux. 3.º Dans un droit de *menu chauffage, en mort bois* (4), *en bois vert en gissant* (5), *autre que chablis, et en bois mort en estant* (6). Tous ces usages étaient percevables *hors ventes et de fend* (7).

L'inféodation faite à Guillaume de la Beurrière fut, pour les seigneurs de Vernon, le prélude de beaucoup d'autres, soit dans la paroisse de Néhou, soit ail-

---

(1) Gros bois à brûler.
(2) Telles que celles de maisons, moulins et autres usines.
(3) La glandée.
(4) Les morts bois sont le saule, le puisne, le marsaut, l'aune, le sureau, le genêt, le génièvre et l'épine.
(5) Branches tombées sur le sol.
(6) Sec et debout, du latin *stare*.
(7) Taillis.

leurs. La difficulté de mettre en culture des domaines aussi étendus que les leurs, jointe au goût du temps qui était d'avoir des vassaux, leur fit regarder les inféodations, qui étaient alors beaucoup en usage, comme le seul moyen d'en tirer un parti avantageux. On les voit donc y avoir recours en 1086 et dans les années suivantes. Ce fut alors que sortirent de leur baronnie de Néhou, pour être tenues en féodalité, les terres du Quesnay, en Golleville, et ce qu'ils avaient de la dépendance de Garnetot, de Fontenailles et d'Ollonde; une partie de la terre qu'ils possédaient à Amfréville et à Orglandes; toutes leurs terres de Besneville, de la Bonneville, de Magneville, de Morville, et beaucoup d'autres qu'il serait trop long de nommer, lesquelles terres ou portions de terres étaient des dépendances de la baronnie ancienne de Néhou (1).

Quoique plusieurs de ces dépendances

---

(1) Mém. de Delepière, p. 4; Lib. feod. Domini regis Philippi, ap. lib. nig. Const.; Arch. de Néhou, chez M. de Gouberville, *et penès nos*.

de la baronnie ne fussent que la moitié ou la sixième partie d'un fief, le baron Richard de Vernon et ses descendans, qui firent ces concessions, n'y attachèrent pas moins des droits d'usages semblables à ceux de Guillaume de Reviers-la-Beurrière, lesquels devaient être exercés dans les forêts de Néhou. Certains usagers les obtinrent à titre gratuit, les autres à titre onéreux, soit en argent, soit en corvées; mais ces droits n'étaient exigibles que lors de l'*usance*. Telle fut l'origine de ces nombreux droits d'usages dont toutes les forêts de la paroisse de Néhou se sont trouvées maculées; et, s'il faut louer ici la générosité de la bienfaisante et opulente famille de Reviers-Vernon, il faut aussi reconnaître que c'est à cette prodigalité de concessions d'usages, dont une partie des titres se sont trouvés embrouillés dans la suite des temps, que l'on doit attribuer cette série interminable de procès qui ont déchiré la paroisse depuis plusieurs siècles.

Reprenons ce qui concerne l'inféodation de la terre de Reviers-la-Beurrière.

Pour imiter leur seigneur suzerain, les seigneurs de la Beurrière, quoique sous la mouvance d'une baronnie, se donnent eux-mêmes des vassaux. Richard de Reviers-la-Beurrière, seigneur d'Amfréville, descendant du chevalier Guillaume, alors propriétaire de la terre de la Beurrière et de la portion de forêt de Monroc inféodée à ce même Guillaume, son trisaïeul, inféode à son tour à Richard des Moitiers-d'Allonne (1), en 1252, une partie de cette terre de la Beurrière, vers le couchant (2). Ce domaine devint une seigneurie que le concessionnaire appela *la Roquelle*. C'est à lui que nous devons la fondation du château de la Roquelle, dont les ruines sont encore si bien conservées. Quoiqu'on ne sache pas précisément les années où ce château fut bâti, il est certain qu'il le fut de l'an 1252, époque de l'inféodation de cette terre, à l'an 1312; car nous voyons par des titres au-

---

(1) On écrivait jadis *des Moustiers*, en latin à *Monasteriis*.

(2) Charte de janvier 1255.

thentiques, à la Maîtrise des eaux et forêts de Normandie, que Guillaume de Reviers-la-Beurrière, seigneur d'Amfréville, donna en cette année 1312, à l'abbaye de Montebourg, une rente due par Jean des Moitiers, seigneur de la Roquelle, *à cause de son manoir de la Roquelle.* L'architecture de cet édifice ne permet pas de le faire remonter à des siècles antérieurs.

Richard de Reviers-la-Beurrière, en inféodant cette partie de ses terres, avait, suivant la coutume presque générale alors, accordé à Richard des Moitiers de gros et de menus usages. Ces droits d'usages devaient être exercés dans la portion de forêt de Monroc restée au concesseur. Mais bientôt après, Richard de Reviers-la-Beurrière se repent d'avoir grévé sa forêt d'une charge si onéreuse: il propose la suppression des droits de gros usages, moyennant l'inféodation d'une nouvelle portion de la forêt de Monroc, que Richard des Moitiers accepte (1).

---

(1) Charte de juillet 1258.

Les bois de la Ramée, de Bouilly ou du Lude, une partie de celui de Danneville et autres, étaient aussi sortis vers 1250 de la Maison de la Beurrière pour être tenus en féodalité par d'autres familles. Mais ces inféodations n'étaient point accompagnées de la concession de droits de gros usages : elles n'en possédaient que de petits, dûs sur la portion de forêt restée aux seigneurs féodaux, c'est-à-dire à la Maison de Vernon (1). Ces menus usages et ces pâturages se trouvèrent encore, en moins d'un siècle, éteints par la cession d'une portion de la forêt en propriété : c'est ce qui arriva en 1327 pour la Ramée, qui était alors en bois. Seulement quelques anciens vassaux de ces seigneurs, qui passèrent bientôt sous la mouvance de l'abbaye de Montebourg, à cause de la donation que fit d'une partie de la forêt à ce monastère le seigneur de Reviers-la-Beurrière, conservèrent des droits de pâturage.

---

(1) Mém. de Delepière.

Il y avait à peine quatre ans que Richard des Moitiers était en possession des terre, seigneurie et forêt de la Roquelle, que nous le voyons commencer à morceler cette grande terre. Ne voulant pas rester en arrière de ses prédécesseurs, il inféode différens démembremens, afin d'en augmenter la valeur et les revenus et de se donner lui-même des vassaux. C'est ce qui arriva en 1256 et pendant les années suivantes. Mais relativement aux droits d'usages, ce seigneur et ses *ayant-cause* n'en conférèrent pas si largement que les autres seigneurs leurs prédécesseurs, dans de pareilles occasions. Ils n'attachèrent qu'à seize chefs de famille des droits de menus usages; encore assujettissaient-ils en même temps ces concessionnaires à des redevances percevables lors de *l'usance* (1). Ces usagers vassaux de la Roquelle jouissaient de ces droits dans la forêt de leur seigneur et dans celle de Montrond-la-Beurrière ou de Reviers, qui, par dona-

___

(1) Mém. de Delepière.

tion, appartenait pour lors à l'abbaye de Montebourg (1). Il n'entre pas dans notre plan de donner de détails sur les procès qui ont eu lieu anciennement à l'occasion de tous ces droits d'usages. La chose nous serait cependant facile; nous avons entre les mains le relevé des pièces qui y ont rapport; mais la lecture de ces détails ne pourrait être que fastidieuse.

Reprenons la suite des possesseurs de la portion de la paroisse de Néhou, inféodée en 1086. La famille de Reviers-la-Beurrière resta propriétaire de la terre de la Beurrière, dont nous avons parlé plus haut, et en jouit depuis l'époque reculée de 1086 jusque dans le XVIIe siècle, que les barons de l'Angle en firent l'acquisition. La dernière héritière de cette famille s'appelait Perrette de Reviers. Elle porta dans la famille Le Mouton l'héritage que ses ancêtres avaient possédé depuis si longtemps : ce fut cette famille Le Mouton qui

---

(1) Accord d'avril 1328. C'était la forêt qui s'est appelée depuis *Bois des Moines*.

l'aliéna. Ce fief noble jouissait du titre de prévôté : titre que possédait aussi la baronnie de l'Angle. Le domaine de Danneville, qui était une partie de la terre de Reviers, était aussi investi de cette juridiction ; et les terres limitrophes de la forêt, lesquelles ont été fieffées ou vendues successivement à des particuliers, étaient, au moment de l'aliénation, déclarées *tenues sous la Prévôté de Danneville;* clause ou formalité que les barons de l'Angle, qui en sont devenus les acquéreurs, n'ont pas manqué de renouveler dans leurs pleiges ou dans les aveux qu'ils se faisaient rendre anciennement, soit pour Danneville, soit pour la prévôté de l'Angle, soit pour celle de Reviers.

Le château que cette famille de Reviers-la-Beurrière habita pendant long-temps était, comme nous l'avons dit, celui de la Beurrière, bâti à l'époque de l'inféodation de leur terre en 1086 ou dans les premières années qui suivirent. On ignore l'époque de sa démolition, mais elle date de plusieurs siècles. Un mémoire du seigneur d'Harcourt, baron de l'Angle ; de 1665 ne parle que de ses ruines. L'emplacement en est encore aujourd'hui bien caractérisé : il forme une très-belle motte située dans un champ qui se nomme *les Buttes*, près de l'habitation de M. de La Grimonnière, et en face de la *Cour* de Magneville.

La conformité des noms de ces vassaux nobles de la baronnie ancienne de Néhou, avec ceux des barons eux-mêmes, a souvent occasionné des procès dans la suite des temps. Pour y obvier, un arrêt du Parlement fut rendu, sur requête et sur titres, le 14 janvier 1658, lequel ordonnait que dans la suite on désignât la famille des barons par le nom de *Vernon*, simplement, et celle de la Beurrière, par celui de *Reviers*. Cet arrêt signale aussi leurs demeures : il cite le château dont nous venons de parler, comme ayant été l'habitation des seigneurs de Reviers-la-Beurrière, tandis que l'ancien château de Néhou, bâti par Néel, fut constamment la demeure des seigneurs de Vernon, barons dudit lieu.

La

La forêt de Danneville, qui avait fait partie de l'inféodation de 1086, avait été inféodée de nouveau par le seigneur de Reviers, en 1256, une partie à Jean du Saussay, de Golleville, une partie à Colin, Nichole ou Nicolas de Méautis, qui devint archidiacre de Coutances, une autre partie à Raoul des Moitiers-d'Allonne, et le reste continua d'être possédé par le seigneur de Reviers-la-Beurrière, premier concessionnaire. Cette forêt formait tout le domaine de Danneville, dont la forêt actuelle faisait partie; mais cette forêt primitive était d'une étendue de moitié plus grande que ce qui en reste aujourd'hui. Trente ans plus tard, la portion qui forme la forêt actuelle de Danneville appartenait, une partie aux seigneurs de Reviers-la-Beurrière, une partie aux seigneurs des Moitiers-d'Allonne, et une autre partie à Jean Paen ou Paisnel (en latin *Paganellus*), de Néhou, qui la tenait des seigneurs de Méautis. Guillaume de Reviers, chevalier, fils et héritier de Richard de Reviers, seigneur d'Amfréville, donna ce qui lui en appartenait à l'abbaye de St-Sauveur-le-Vicomte, en l'an 1280, et confirma cette donation en 1286. Jean Paisnel et Raoul des Moitiers vendirent à ce monastère leur part de cette forêt en 1286. L'une des chartes est datée du *Vendredi devant la fête Ste Perronnele, vierge* (1).

L'abbaye de St-Sauveur en a joui jusqu'à l'époque de la révolution, où les biens ecclésiastiques furent envahis. On y célébrait à cette époque une grand'messe toutes les semaines aux intentions des donateurs. Le Gouvernement est resté possesseur de cette forêt, du contien de vers 120 hectares, jusqu'en 1820, où elle fut adjugée au propriétaire actuel pour le prix de 36,000 francs. Ce prix est bien inférieur à la valeur de l'immeuble vendu.

La terre et seigneurie de la Roquelle, autre partie de la grande inféodation de 1086, fut, comme nous l'avons dit, in-

---

(1) Ces détails sur Danneville sont extraits du Cartulaire de St-Sauveur, qui nous a été communiqué par M. de Gerville, qui le possède.

féodée de nouveau à la famille des seigneurs des Moitiers-d'Allonne, qui firent bâtir après 1252 le château de la Roquelle. De cette famille, elle passa successivement dans celle des d'Auxais, qui la possédaient encore en 1540 ; des de Pittebout, des de Dragueville et des de Pigouce. La dame Jacqueline de Pittebout, dernière héritière de la famille de ce nom, avait porté par mariage les terres de la Roquelle dans la famille de Dragueville, vers la fin du XVIe siècle. Elle épousa peu de temps après en secondes noces le sieur de Pigouce qui devint par ce mariage possesseur de ses terres.

Jusqu'à ces derniers propriétaires, ce grand domaine, qui longeait Besneville, Fierville et le Valdécie, et qui s'étendait au levant jusqu'aux limites encore actuellement connues, resta intact, ou du moins si des démembremens furent inféodés ce ne fut que pour en tirer un parti plus avantageux ; mais les revers de la famille de Pigouce en hâtèrent le démembrement total. Il y avait déjà plusieurs siècles que, sous prétexte d'exercice de droits d'usages, de nombreux délits se commettaient dans la forêt de la Roquelle, au point qu'elle s'était déjà trouvée plusieurs fois comme en coupe réglée (1). Messire de Pigouce, l'un des propriétaires de cette seigneurie, était fort *crédule*, disent les mémoires du temps (2). On le détourna facilement du soin de ses affaires; et des dépenses énormes, qu'il avait faites pour satisfaire les idées d'une personne de haute naissance qu'il devait épouser, culbutèrent sa fortune, de sorte qu'à sa mort, arrivée en 1695, sa succession fut renoncée. Il ne lui restait plus que les terre, seigneurie et forêt de la Roquelle. Elles furent décrétées en 1696 par le sieur Jean Clouet, un des créanciers, qui fut traversé jusqu'en 1736. Les habitans de Néhou se joignirent aux persécuteurs, et tant de malheurs lui enlevèrent la fortune et la vie (3).

---

(1) Mém. de Delepière.
(2) Mém. de MM. Le Pigeon, de 1731; *id.* de Delepière, de 1773
(3) Mém. de Delepière, page 34.

La terre et la seigneurie de la Roquelle passèrent à messire Nicolas de Pigouce, fils du décrété, pour son tiers coutumier. Il les vendit le 29 mars 1748, à M. Fabien des Essarts, mandataire de M. de Querqueville; et remise fut faite du contrat de vente à M. de Querqueville, le 8 mai suivant, sur clameur féodale, devant Jacques de Glatigny, notaire (1). C'est de la famille de Querqueville que cette terre, divisée en plusieurs fermes, a passé par héritage et mariage à M. Le Fèvre de La Grimonnière, propriétaire actuel.

La forêt, après la mort du sieur Clouet, resta aux autres créanciers, les sieurs de Pierrepont, La Garanne et Gallot. Le sieur de Pierrepont la décréta de nouveau en 1752; mais des vexations plus outrées encore que les précédentes l'empêchèrent de donner l'attention convenable à la défense: il fut ruiné et mourut aussi accablé de misère. Delepière, qui vint

---

(1) Renseignemens extraits des Archives de la commune de l'Angle, communiqués par le sieur J.-G. Nicole, archiviste, de Bricquebec.

après eux, qui, en vertu de titres acquis, prétendit des droits sur cette forêt et qui s'y maintint pendant quelques années (1), en fut dépossédé, vers 1780, par M. Guillaume-François Douessey, Conseiller au Parlement de Normandie, au droit de la demoiselle Jacqueline-Gabrielle Auvray-de-Fincel, son épouse, descendue de la famille de Pigouce. Ce fut elle qui vendit cette forêt à des particuliers. Néanmoins, Mme Douessey ne put disposer en paix d'une forêt qui avait jadis appartenu à ses ancêtres. Le sieur Jacques-Christophe Delacour acquit, tant en son nom qu'au nom des usagers de Néhou, les droits des représentans La Garanne et Gallot, sur cet immeuble; Delepière, qui avait été obligé d'aller se réfugier à l'hôpital à Rouen, où il mourut, lui remit ses titres, et Jacques Delacour força Mme Douessey à faire avec lui des arrangemens d'où

---

(1) Delepière, pendant le temps qu'il se maintint à la Roquelle, avait tracé sur cette terre le plan d'un château qui fut appelé par dérision le *Château de mille harts*.

sont provenus pour lui une portion de la forêt, et pour les usagers une partie des fonds qui ont servi à la construction de l'église de Monroc, autrement appelée St-Jacques-de-Néhou.

Le château de la Roquelle, bâti après 1252 par un seigneur des Moitiers, est aujourd'hui dans un triste état d'abandon et de décadence. C'était un manoir très-considérable, bien et solidement bâti. Ce n'est pas sans une sorte d'étonnement qu'on trouve dans un lieu d'accès difficile, dans un pays presque désert et au fond d'une forêt, ce grand et majestueux édifice. Il avait été entretenu de toiture jusqu'après le milieu du siècle dernier, que M.me de Querqueville cessa de l'entretenir; et aujourd'hui il faudrait que le propriétaire de ce bâtiment fût un amateur ardent et zélé des constructions du moyen âge, pour y faire les réparations qu'il exige, et dont les frais ne seraient pas à beaucoup près compensés par les avantages qui pourraient en résulter.

Les Essarts, qui avaient toujours fait

partie de la forêt de la Roquelle, et qui, à l'époque de la révolution, appartenaient à Mme Douessey, furent alors confisqués pour cause d'émigration de M. Douessey, son fils. Elle les vendit en 1816 à M. Jean-Baptiste Lecrivain, de Coutances, suivant acte passé devant Me Guillot, notaire en ladite ville, le 20 Mars de la même année. « Ces landes des Essarts
» faisaient partie de la portion des biens
» dont la remise fut faite par le Gouverne-
» ment à ladite dame veuve Douessey,
» qui les possédait anciennement, comme
» unique héritière de M. Gabriel de Fin-
» cel, son oncle. »

M. Lecrivain ne posséda pas long-tems ces terrains : il les vendit partiellement dès la même année à des particuliers.

Ces landes ou terres des Essarts étaient en bois au moment de l'aliénation, en 1816; mais le bois était rabougri et n'était propre qu'à brûler. Le sol, d'assez mauvaise qualité et assis sur du schiste et du grès intermédiaire assez rapprochés de la surface, en était sans doute la cause.

Cependant, une partie de ces terrains avait été mise en culture dès la fin du XIIe siècle. On trouve dans le cartulaire de l'abbaye de Montebourg le jugement d'une contestation qui s'était élevée entre l'abbé de Montebourg et les curés de Néhou à l'occasion des dîmes des Essarts, lesquels, d'après ce que nous apprend ce document, avaient été déjà en partie mis en culture. Ce jugement non daté fut prononcé par le grand chantre, un des archidiacres et un des chanoines de Coutances, délégués à cet effet par le Pape Innocent III, qui a occupé la chaire pontificale de l'an 1198 à l'an 1216. L'abbaye obtint par ce jugement l'intégrité des dîmes de *pânage, brôtage et herbage*, percevables dans cette forêt, et les deux tiers de la dîme des grains sur les novales. L'autre tiers fut adjugé aux curés de Néhou.

Les bois de la Ramée, sortis, comme nous l'avons dit, de la Maison de Reviers-la-Beurrière, vers 1250, pour être tenus en féodalité, furent possédés par des familles différentes de celles dont nous avons déjà parlé. Le plus ancien propriétaire de la Ramée, que nous connaissions après l'époque sus-mentionnée, s'appelait Guillaume Baston (1). On ignore combien de temps elle a été possédée par cette famille. Nous trouvons dans des actes authentiques le nom d'un Pierre d'Aragon, possesseur de la Ramée, en 1570 (2). Cette lande, du contien de vers cent huit hectares, couverte d'ajonc et de broussailles, fut acquise du seigneur d'Harcourt et du seigneur Pigache-de-Lamberville, par M. Fabien des Essarts, mandataire du seigneur-baron de l'Angle, par contrat passé à Valognes le 18 décembre 1750, et remise en fut faite audit seigneur, sur clameur féodale, le 29 décembre 1751 (3). Elle est resté indivise jusque vers 1784,

---

(1) Renseignemens communiqués par M. Pierre Delamare.

(2) Extrait des Arch. des eaux et forêts de Normandie.

(3) Extr. des Arch. de la bar. de l'Angle, communiq. par le Sieur J.-G. Nicole, de Bricquebec.

que M. de Querqueville l'a fieffée aux particuliers qui l'ont défrichée et qui la possèdent aujourd'hui.

Les Landelles, qui avaient toujours fait partie du domaine non inféodé de Reviers-la-Beurrière, et qui avaient passé aux barons de l'Angle par l'acquisition que ceux-ci avaient faite de la prévôté de Reviers, furent fieffées aussi à la même époque par le même seigneur; et, dans les contrats d'aliénation, elles ont été déclarées tenues sous ladite prévôté, comme faisant anciennement partie de la grande inféodation de 1086.

Une portion du Belarbre, dont nous parlerons dans notre seconde partie, à l'occasion du prieuré, avec l'intégrité du bois ou lande des Vaux, que l'on confond mal-à-propos avec le Boscquesnay, furent fieffées et défrichées vers 1730 (1).

Le bois de Bouilly, ou du Lude, avait été inféodé depuis long-temps à la famille de Loyr-du-Lude, fondatrice du manoir

---

(1) Mém. de Delepière.

qu'on appelle aujourd'hui *le petit* ou *le vieux Lude*, qu'elle abandonna pour habiter le nouveau château du Lude, à St-Sauveur. Il n'était resté qu'une faible partie de ce bois : elle fut inféodée et défrichée vers 1755 (1).

Quant au reste de la grande inféodation de 1086, c'est-à-dire aux bois de Reviers, de la Corbière et de St-Jean, ils furent donnés à l'abbaye de Montebourg par les seigneurs de Reviers-la-Beurrière, en vertu de chartes des années 1268, 1276 et suivantes (2).

Les portions de St-Jean (3) et de la

---

(1) Mém. de Delepière.
(2) Mém. de Delepière;
   Cartul. de Montebourg;
   Mém. de J. Delacour.
(3) Il ne faut pas confondre le bois de St-Jean avec la terre aumônée au prieuré du même nom. Nous parlerons de celle-ci dans la suite.

Nous devons de plus observer ici que dans l'étendue de forêt donnée à l'abbaye de Montebourg se trouvait comprise la partie de la Roquelle qui avoisine le Pont-aux-Moines, qui tire de là son

Corbière ont conservé leur nom : mais celle qui portait le nom de Reviers, qu'elle tirait de son possesseur, en changea après la donation sus-mentionnée : elle ne fut plus connue que sous le nom de *Bois des Moines,* qu'elle a encore porté de nos jours. L'unique souvenir qui y soit resté du seigneur qui l'aumôna aux moines de Montebourg, est une fontaine auprès de laquelle on a bâti l'église de St-Jacques : cette fontaine s'appelle de temps immémorial *Fontaine de Reviers,* nom qu'on a même, changé en celui de *Rayers,* par corruption du nom primitif.

L'abbaye de Montebourg posséda cette grande forêt presque jusqu'à l'époque de

---

nom. Les seigneurs des Moitiers, possesseurs de la Roquelle, échangèrent avec l'abbaye de Montebourg, et cédèrent à cette Maison, pour ce morceau de terrain, un autre morceau qui leur appartenait vers le Lude et la Corbière, et qui, depuis le 13.e siècle où cet échange fut fait, est demeuré la propriété de l'abbaye jusqu'au moment de la vente de la forêt aux seigneurs de Querqueville. (*Voy. le Mém. de Delepière,* Caen, 1773).

la révolution. Par arrêt du Conseil d'État, du 20 juin 1780, M.gr Ange-François de Talaru-de-Chalmazel, évêque de Coutances et abbé de Montebourg, en fit, après toutes formes légales, prononcer le cantonnement. Soixante-quinze arpens furent cédés, en sol et superficie, pour éteindre les droits d'usages dûs sur cet immeuble, à environ dix personnes qui produisirent leurs titres; le reste des usagers fut forclos. Ce fut à cette occasion que MM. les curés de Néhou et de Golleville furent autorisés à clore chacun quatre arpens de terre en extinction des usages qu'ils avaient droit d'exercer dans cette forêt, comme représentans des anciens chanoines de Néhou dont nous parlerons dans la suite.

La forêt fut ensuite vendue, en vertu de lettres-patentes du Roi, à M. de Querqueville-Barbou, qui fut chargé de fournir les cantonnés. Mais de nombreuses contestations s'élevèrent à la suite de cet arrangement. En 1790, au moment où les têtes s'échauffaient plus que jamais contre le clergé et la noblesse, une multitude d'usagers forclos revendiquèrent contre l'arrêt du 20 juin 1780; ils prirent des lettres apparentes de loi et signifièrent leurs titres. Là commença un procès, qui ne fut terminé que par une transaction faite en 1800, laquelle mit fin à toutes les contestations (1).

---

(1) Mém. de J. Delacour.

LIVRE HUITIÈME.

Nous avons jusqu'ici rappelé l'origine de Néhou, le démembrement des terrains dont cette commune est composée, avec la date de ces démembremens et les familles principales qui les ont successivement possédés jusqu'à nos jours. Notre tâche est donc à peu près remplie sous ce rapport. Ce qui nous reste maintenant à faire, c'est de rappeler ce qu'était encore une grande partie du territoire de cette commune il y a quelques siècles, et de dire un mot de la transaction faite le 1.er pluviose an 8 (21 janvier 1800), entre les usagers et les représentans des anciens seigneurs, de ses suites et de ses résultats. Nous terminerons ensuite par un mot sur les principales formations géologiques de la commune, après quoi nous passerons à son histoire ecclésiastique, qui est, à proprement parler, l'histoire de la paroisse, tandis que tout ce que nous avons dit jusqu'ici ne doit être considéré que comme histoire civile ou histoire de la commune.

On a dû remarquer qu'à l'époque de la concession de la terre de Néhou, en 912, cette terre était inculte et couverte de bois. Par conséquent tous les établissemens qui y ont existé pendant toute la durée du moyen âge et qui y existent encore, ont été formés depuis ce temps. Nous ne pourrions pas rappeler l'époque où chaque partie des terres de la commune a été défrichée, parce que nous manquons pour cela des documens nécessaires. Mais ce qu'il y a de certain, c'est qu'il y a deux et trois siècles, de grands démembremens, maintenant cultivés, étaient encore en bois. Tels sont, entre autres, le Buisson-de-Néhou, ou Vente-à-Genêts, et la Bellegarde, la terre du Boscquesnay, le Belarbre, la lande des Vaux, qui était limitrophe de celle du Boscquesnay, les Essarts, la Ramée et les Landelles; une grande partie de la Roquelle, de Bouilly et de Danneville, les parties closes des bois de St-Jean et du Parc, la lande du Hecquet et autres terres qu'il serait trop long d'énumérer. Ces défrichemens se sont successivement faits en raison de l'accroissement de la population, qui n'était presque rien dans les commencemens, et qui s'élève maintenant à 2,700 âmes. Tous ces terrains n'appartenaient qu'à un seul propriétaire dans le principe : on a vu comment la totalité a été successivement démembrée, et comment le domaine d'un seul seigneur est devenu la propriété d'une multitude d'individus. Cette remarque convient non seulement à Néhou, mais encore elle peut s'appliquer à beaucoup d'autres communes.

Des portions de la forêt ancienne et totale de la paroisse de Néhou, la forêt du Parc et celle de l'abbaye de Montebourg, dont faisaient partie les bois de St-Jean et de la Corbière, avaient toujours resté dans leur état ancien jusqu'en 1800. La propriété en appartenait aux seigneurs, comme tréfonciers, en vertu d'héritage pour une partie, et en vertu d'acquisition pour l'autre : seulement les seigneurs étaient obligés de laisser les usagers de la commune de Néhou et autres vassaux des baronnies y exercer leurs droits d'usages. Il y avait eu anciennement, comme nous l'avons dit, bien des procès à cette occasion ; et, semblables à l'hydre de la Fable, ils se succédaient l'un à l'autre, et renaissaient au moment où toutes les contestations paraissaient finies. Cet état de choses n'a cessé que de nos jours ; encore est-il fort douteux si les derniers procès, à l'occasion des droits d'usages, ont été faits. Quoi qu'il en soit, à la suite de la vente de la forêt de l'abbaye de Montebourg, une multitude d'usagers forclos, n'ayant point réussi à obtenir leur cantonnement de la famille des seigneurs de Querqueville, barons de l'Angle, se déterminèrent à intenter un procès auxdits seigneurs, acquéreurs de cette forêt. La révendication que firent à cette occasion les usagers, les entraîna dans un autre labyrinthe dont ils ne sortirent qu'après de longs débats. Ce fut à cette époque que, recueillant de tous côtés leurs titres épars ou depuis long-temps oubliés, ils voulurent enfin disposer en maîtres des biens qu'ils prétendaient leur appartenir en vertu des anciennes concessions de droits d'usages. Ce fut le 5 novembre 1792, que, pour n'être point pris pour attroupement, ils obtinrent du *Directoire* du département de la Manche la permission de s'assembler à cet effet, malgré le feu sieur Michel Laniepce, maire de Néhou, qui voulait déterminer la manière d'en régler les impositions. L'assemblée eut lieu le vingt novembre; mais le maire n'ayant point voulu s'y trouver, elle n'eut aucun résultat. Quelque temps après on fit une nouvelle nomination des maires, et le sieur Pierre Quettier remplaça dans cette fonction le sieur Laniepce. Une nouvelle délibération fut faite, le 25 août 1793, sous les auspices du nouveau maire; et cette nouvelle délibération fit prendre aux affaires une marche qui amena le dénouement des difficultés. Ce fut dans cette séance que commença la carrière publique d'un habitant de Néhou qui a rendu son nom célèbre dans les fastes de ce lieu, qui a fait retentir un grand nombre de fois à cette

cette occasion les tribunaux de Normandie, de la Mayenne et de Cassation, et dont le souvenir se conservera long-temps chez ses compatriotes. Jacques-Christophe Delacour fut chargé cedit jour, 25 août 1793, de la cause des usagers, et autorisé à intenter et à finir toute action dans leurs intérêts de communauté. Ce portefeuille ne conféra pas au sieur Delacour un titre purement honoraire. Les procès se compliquèrent étrangement entre les usagers, qui revendiquaient leurs droits d'usages, et les représentans des anciens seigneurs, qui prétendaient être tréfonciers, ou propriétaires du fonds. En vertu de la délibération du 25 août, Jacques Delacour suivit tous les procès au tribunal de Valognes, devant des arbitres; à Coutances, à Rennes, à la cour de Cassation et à Laval, par retour de Cassation. Enfin, après une nouvelle tentative des héritiers de M. de Querqueville auprès de cette cour, d'où ils furent rejetés, l'agent de la commune de Néhou demanda, le 15 frimaire an 8, l'autorisation d'assembler les habitans pour délibérer au sujet de leurs droits d'usages. Le 17 du même mois, les usagers se réunirent et nommèrent des commissaires, soit pour poursuivre leurs droits, soit pour transiger définitivement avec les représentans des anciens seigneurs. En conséquence de cette délibération, fut arrêtée une transaction entre ceux-ci et les usagers, le 1.er pluviose an 8 ou 21 janvier 1800, laquelle éteignit de ce côté-là toutes les contestations (1).

Par cette transaction, passée devant Me Queslin, notaire à Barfleur, certaines parties des terrains litigieux furent abandonnées aux héritiers représentans de M. de Querqueville, baron de l'Angle, affranchies de tous usages, et les autres parties furent abandonnées aux usagers en toute propriété.

---

(1) Les procès qui ont eu lieu depuis entre la municipalité de Néhou et le sieur Jacques Delacour, syndic des usagers, roulant sur une autre question, nous avons cru devoir les passer sous silence, comme étrangers à notre sujet.

Les parties qui revinrent aux héritiers de
M. de Querqueville, M. de La Grimonnière et MM. de St-Remy et d'Hiesville
à cause de leurs épouses, consistaient en
cinquante hectares dans le bois de St-Jean et autant dans le bois du Parc. Ces
propriétaires cédèrent, en 1816, au sieur
Félix Desmares, leur portion de St-Jean.
Mais comme il leur en restait encore autant sur l'emplacement du bois du Parc,
M. de St-Remy lui en céda le tiers, et le
surplus est resté à M. de La Grimonnière,
tant en son nom qu'en celui de son beau-frère, avec lequel il traita. Le sieur Desmares revendit sa part en 1821 à M. Levaufre, de Valognes, qui l'a fieffée à des
particuliers.

Quant aux bois, qui se trouvaient aussi
être un objet de contestation, ils furent
vendus, et le prix en fut attribué pour
les quatre cinquièmes aux héritiers de M.
de Querqueville, et pour l'autre cinquième aux usagers. A ce moyen, ceux-ci sont
devenus pleinement propriétaires de tous
les terrains actuellement indivis, hormis

toutefois le Boscquesnay, qui a été leur propriété depuis le partage de 1734. Ces terrains qui furent l'objet de la transaction de 1800, forment, pour les usagers, à peu-près les quatre cinquièmes du total. Quant aux marais, nous en avons parlé à l'article de la baronnie de l'Angle.

Les bois furent adjugés à MM. Gallien, Campion, Caslais et Dugay, qui les firent abattre et exploiter sur le champ. On se rappelle encore le grand nombre de bûcherons, de sabotiers et de charbonniers étrangers que cette exploitation attira dans Néhou pendant les dix à douze ans de sa durée. Les sabots, les pelles et autres ustensiles, et le charbon furent les objets en quoi fut convertie une grande partie des bois ; mais une grande quantité de pièces furent transportées à Cherbourg et employées aux constructions de la Marine.

Au reste, sans compter les dévastations nombreuses qui s'y faisaient sans cesse, une partie de ces forêts s'en retournait de caducité depuis deux ou trois siècles :

plus de trois cents arpents de celle du Parc s'anéantissaient chaque jour. Il s'y trouvait une grande quantité de chênes tellement vieux et tellement creux, que vingt et trente moutons pouvaient à l'aise loger dans leur cavité. En revanche, ils ne faisaient plus que végéter, et ne conservaient qu'une très-petite épaisseur de bois rougi sous la peau qui les recouvrait. Parmi les hêtres, il s'en trouvait un nombre considérable qui s'élevaient sans branches à une hauteur de 15 à 20 mètres, et qui étaient de très-bonne qualité. Mais en général et pour la partie qui aurait eu le plus de valeur, on en faisait l'exploitation au moins deux cent cinquante ans trop tard. C'est ainsi qu'une commune jadis presque toute couverte de bois s'en est successivement trouvée dépouillée, au point que si nos aïeux, même ceux qui vivaient il n'y a qu'un siècle, revenaient dans leurs possessions, ils ne se reconnaîtraient pas même dans leur lieu natal, au milieu de leurs propres foyers.

Nous n'entreprendrons pas de mentionner le contien de chacune des grandes divisions de la commune de Néhou : nous dirons seulement que, d'après les dernières opérations du cadastre, les terres en culture et en prairies forment 3007 hectares ; les bois, landes, marais, terres vaines et vagues, en donnent 631, ce qui forme un total de 3638 hectares, ou dix-huit mille cent quatre-vingt-dix *vergées*, desquelles on fait déduction de l'espace occupé par les chemins publics, rivières, étangs, ruisseaux et cours d'eau; ce qui forme environ un cinquantième. D'après la classification qui a été faite ensuite de ces terrains, il résulte que le prix moyen de l'hectare s'élève à quarante-deux francs dix-neuf centimes.

Les formations géologiques que recouvre le sol végétal influent beaucoup sur la stérilité et sur la fertilité des terres. Ce serait à ceux qui auraient étudié les rapports qui se trouvent entre ces formations et la terre qui les récèle, à faire des combinaisons et à tirer des conséquences. Pour nous, nous nous bornerons à indiquer en peu de mots les principales formations que présente au géognoste la commune de Néhou. Elles peuvent se rapporter à six espèces principales, le marbre bleu, le grès intermédiaire, le schiste, la marne, avec quelques couches de calcaire à cérites, le quartz grenu, et une sorte de granite bleuâtre, très-chargé de mica de couleur d'or à la surface et de couleur noire lorsqu'il est passé au gneiss. Cette pierre, qui semblerait se rapprocher de la diabase pour le fond, ne se rapporte à aucune des classifications particulières des naturalistes: en sorte qu'on pourrait, à proprement parler, l'appeler *amphibolythe*. Elle se trouve en abondance sur l'emplacement du bois des Moines, dans un lieu nommé *les Piletières*. Le marbre se trouve dans le bois du Parc et dans celui de Danneville, et on le convertit en chaux. On rencontre le grès intermédiaire dans la Vente-à-Genêts et presque partout, quoiqu'en moins grande abondance, dans Monroc, et dans la partie occidentale de Néhou proprement dit, où on l'emploie à la construction des maisons et à la réparation des chemins. Le schiste se rencontre aux Essarts, dans une partie du bois des Moines, dans les Landelles, dans une partie de la lande du Boscquesnay et dans quelques autres localités. On trouve la marne dans la partie sud-est de Néhou, et le quartz grenu, connu sous le nom de *gésier de jars*, se rencontre dans le Val-de-Néhou. Le marbre et la marne de Néhou sont très-riches en coquilles fossiles, mais ceci n'appartient pas à notre sujet.

On sait que l'agriculture est la principale occupation des habitans de Néhou. La seule branche d'industrie que possède la commune est la fabrication de la poterie et de la brique. Nous ignorons l'époque de son introduction dans la paroisse, mais nous avons quelques raisons de croire qu'elle remonte jusqu'au temps de la domination romaine; et, ces raisons, nous les avons mentionnées dans notre livre 1er. Les incursions des Normands, qui ravagèrent le pays pendant le IXe et le commencement du Xe siècles, durent faire disparaître les potiers comme les autres habitans, puisqu'en 912 ce pays était complétement désert et couvert de bois. Mais en 1283 on avait recommencé la fabrication de la poterie, car il est parlé de plusieurs fourneaux de potier dans le partage de cette année, entre les trois filles de Guillaume de Vernon, à l'occasion des limites établies entre les trois portions de l'ancienne baronnie, qui formait leur succession. Des droits d'usages avaient été jadis accordés aux fabricans de poterie, mais il paraît qu'il n'en fut pas accordé à tous, ou bien il faudrait conclure qu'il y en avait beaucoup moins alors qu'il n'y en a aujourd'hui, car, en l'année 1666, M. Guy de Chamillard, commissaire-enquêteur et réformateur des eaux et forêts, pour la province de Normandie, ne reconnaissait que cinq droits d'usages pour les potiers de Néhou.

Depuis long-temps cette fabrique a pris de l'importance. Outre les marchés de Valognes, Montebourg, Pont-l'Abbé, St-Sauveur, la Haye-du-Puits, Barneville,

Bricquebec et les Pieux, que les potiers de Néhou approvisionnent, ils font exporter une grande quantité de leurs marchandises dans les îles anglaises de Jersey, Guernesey et Aurigny. Les embarcations qui en ont été faites dans le seul port de Carteret de 1820 à 1827 s'élèvent à 203,370 kilogrammes. Mais il est fort à craindre que dans peu d'années cette branche d'industrie, qui avait été jusqu'ici favorisée par l'abondance de bois que fournissait la localité, ne cesse d'exister ou du moins ne reçoive une grave atteinte par la destruction des forêts dont les dernières vont bientôt toucher à leur fin.

HISTOIRE
DE LA PAROISSE
DE NÉHOU.

DEUXIÈME PARTIE.

LIVRE NEUVIÈME.

Nous avons vu que Richard, un des compagnons d'armes du duc Rollon, donna en 920, à son fils Néel, le territoire de Néhou. Ces premiers Normands, convertis au christianisme, étaient devenus vraiment chrétiens, et s'empressaient de rebâtir de toutes parts les églises que leurs ancêtres avaient détruites dans le siècle précédent, ou abattaient eux-mêmes celles qui restaient pour les remplacer par de plus belles.

Animé du même esprit, à peine Néel fut-il en possession du domaine que lui concéda son père, qu'il fonda l'église de la nouvelle paroisse qui prit bientôt la place des bois dont cette terre était couverte. Elle fut dédiée sous l'invocation de St Georges (1). Fils d'un guerrier et peut-être guerrier lui-même, Néel prit de préférence pour le patron de son église, ce saint, qui avait exercé la même profession, qui était regardé comme le patron des gens de guerre, et dont les reliques, échouées comme par miracle sur les côtes de Normandie(2), avaient quelque rapport avec l'invasion des Normands dans cette province.

En envahissant la Neustrie, ces peuples indomptés avaient trouvé un pays ravagé par les incursions précédentes et par conséquent peu populeux. La terre de Néhou, d'ailleurs, n'était pas habitée

---

(1) Arch. Mss de l'église de Néhou.
(2) Voyez la note 1re à la fin du volume.

au moment où Néel en reçut l'investiture. Il ne fallait donc pas une grande église puisqu'elle n'avait à contenir qu'une population que formaient uniquement la maison du fondateur et celle de ses vassaux qui étaient alors beaucoup moins nombreux qu'ils ne le devinrent dans la suite. Aussi, cette église primitive ne contenait-elle que l'emplacement du chœur actuel (1).

On ignore complètement combien de temps ce premier édifice a duré. Mais il pourrait se faire que l'église qui existait à Néhou avant celle que nous voyons eût depuis long-temps remplacé celle qui fut bâtie par Néel le Vicomte, car celle que nous voyons n'est pas ancienne, et la première eût été trop petite pour contenir ce qu'il y avait d'habitans dans la paroisse au moment où se sont faites les constructions actuelles, à moins qu'on ne supposât que l'édifice bâti par Néel n'eût été précédemment augmenté.

La partie la plus ancienne de l'église

(1) Arch. de l'église de Néhou.

actuelle est la chapelle méridionale de la croisée, dédiée à St Sulpice. Sa large et courte ogive (1), divisée par deux meneaux surmontés de nombreux compartimens de gothique flamboyant très-bien caractérisé, ses arceaux saillans et prismatiques, tout se réunit pour faire remonter cette chapelle au XVe siècle, pendant toute la durée duquel ce genre d'architecture fut généralement employé dans les édifices religieux, et même peut-être au commencement du XVIe.

Les arceaux qui soutiennent la voûte se terminaient par des figures grotesques qui étaient une conséquence naturelle des travestissemens ridicules et des jeux auxquels on se livrait à certaines fêtes à cette époque, et dont l'usage se perpétua jusqu'au siècle suivant, malgré les efforts de

---

(1) On entend par *ogive* un arceau qui passe sous la voûte directement ou transversalement; mais ici les archéologues modernes entendent par *ogive* une fenêtre dont la partie qui s'élève au-dessus des impostes s'obtient par le moyen de l'intersection de deux cintres.

l'Église pour les empêcher. Telles étaient les fêtes des fous, de l'âne, du petit évêque, des cornards, et autres semblables(1). On y voyait encore ces figures il y a quelques années; mais aujourd'hui elles n'existent plus. Fidèle observateur des réglemens et des lois canoniques (2), M. l'abbé Quettier, curé de Néhou, les fit disparaître en 1829, au moment où il faisait à tout cet édifice les nombreuses réparations qui en ont fait l'église la plus brillante de la contrée et qui rendront pendant long-temps témoignage de son zèle. L'amateur ne peut les regretter, puisque ce qu'elles avaient de ridicule et d'indécent était loin d'être compensé par ce qu'elles pouvaient offrir sous le rapport archéologique.

Au-dessous de la grande ogive, on voit

---

(1) Mém. analysé de M. Boscher, dans les *Mém. des Antiq. de Normandie*. Voir là-dessus des détails dans Moréri et dans le Dict. de Trévoux, V.^{is} *Fête*, *Cornard*, etc.

(2) Si quæ..... in templis imagines, sive pictæ, sive sculptæ minùs decentes reperiantur, cas auferri omninò volumus *(Stat. Henr. de Gondiaco, Par. episc., ap. Synod. Paris. ann. 1608).*

dans le mur, une vaste niche, dont le sommet s'élève à cinq pieds au-dessus du pavé. C'est évidemment un lieu qui fut jadis destiné à la sépulture des fondateurs. Outre la forme adoptée pour les tombeaux à cette époque (1) l'inscription qui se trouve gravée sur une espèce d'archivolte, au haut de cette niche, ne laisse aucun lieu d'en douter. On y lit, en caractères du XVᵉ siècle, supérieurs en dimension aux anciennes lettres onciales, les mots suivans : *A Dieus les amene JHS inchy* (2). c'est-à-dire *Jésus les amène à Dieu ici*. Et en effet, pour être en possession de Dieu, il faut mourir, par conséquent être mis dans le tombeau ; et c'est Jésus-Christ qui nous conduit à Dieu par la rédemption. Au milieu de cette inscription de deux lignes se trouve un blason qui la divise en

---

(1) Voy. le Mém. de M. de Caumont, sur l'architect. relig. du moyen âge.

(2) Les deux dernières lettres du mot *amene* manquent dans l'inscription ; mais elles sont remplacées par une abréviation qui se trouve sur la 3.ᵉ lettre du mot.

en quatre parties, et dont les armoiries, s'il y en a jamais eu de gravées, ont été mutilées bien antérieurement à la révolution, ce qui empêche de découvrir à quelle famille remonte la fondation de cette chapelle qui paraît avoir été de temps immémorial une chapelle seigneuriale, occupée par les concessionnaires ou engagistes de la baronnie du Château.

Les Anglais ayant été en possession du château de Néhou pendant le temps que le gothique flamboyant était adopté dans l'architecture religieuse, le langage de l'écriteau sus-mentionné étant d'ailleurs d'une rudesse qu'on rencontre rarement dans les écrits de cette époque, on aurait quelques raisons de croire que la chapelle aurait pu être fondée par eux, si l'on ne savait que, pendant leur séjour dans cette contrée, ils étaient beaucoup plus occupés à se défendre qu'à fonder des monumens dont l'édification aurait exigé une possession paisible.

Une autre opinion, qui serait peut-être la plus probable, serait de reconnaître la famille de Loyr-du-Lude pour fondatrice de la chapelle. La raison qui nous la fait émettre est que les concessionnaires précédents ne firent point leur séjour à Néhou, au lieu que la famille du Lude y était établie au plus tard en 1528, au moment où elle devint engagiste de la baronnie du Château. L'architecture de la chapelle, qui indique le XVe siècle, paraîtrait, au premier abord, fournir une objection contre cette opinion, mais elle s'évanouit quand on considère qu'il y eut deux styles différens dans l'architecture du XVIe siècle, et que, en même temps qu'on revenait aux formes rondes et que la transition du genre gothique à l'architecture antique produisait un style nouveau, on continuait à bâtir comme dans le siècle précédent.

Cependant nous ne donnons tout ceci que comme une conjecture, car nous n'avons aucune preuve irrécusable. Ce qui vient encore embrouiller la question, c'est que bien avant la révolution, à l'époque où M. Le Pigeon était engagiste de la baronnie du Château, il y eut pour cette chapelle de graves contestations entre lui et M. du Lude, dont la famille avait été auparavant engagiste de cette même baronnie. Néanmoins, la difficulté ne fut jamais bien éclaircie, et le banc de M. du Lude resta toujours à la première place. Un des seigneurs de ce nom s'y est encore fait apporter, de son château du Lude à St-Sauveur, et s'y est fait inhumer il y a moins d'un siècle: nous avons dit ailleurs (*Liv.* VII) que la résidence de cette famille était dans le principe le Vieux Lude et qu'elle l'abandonna pour habiter le nouveau château du Lude, à St-Sauveur.

Si donc il eût été bien certain que la chapelle de St-Sulpice n'avait point été bâtie par les Anglais, possesseurs du château de Néhou, ou par les concessionnaires qui vinrent après eux, comme l'indique l'architecture, il n'est pas probable que M. Le Pigeon, engagiste de la baronnie, en eût révendiqué la possession en cette qualité. D'un autre côté, si M. Le Pigeon eût eu des droits certains, pourquoi aurait-il laissé la victoire à la famille du Lude? Voilà, ce semble, des faits qui doivent nous faire conclure qu'on ignore d'une manière précise quels furent les fondateurs de la chapelle St Sulpice, quoique par l'architecture on connaisse à peu-près l'époque de sa fondation.

Nous avons sur le chœur des renseignemens plus précis. La paroisse en est redevable à Messire Bon de Montchal, d'Annonay, curé de Néhou, qui le fit rebâtir à ses frais en 1592, comme l'indique un écriteau qui se voit encore sur la muraille, du côté de l'évangile. Comme on ne sera point fâché de connaître l'inscription qui y est gravée, nous la reproduisons ici textuellement et avec la même orthographe.

Bonus de Montchal, annonias, prouinciæ viuariensis presbiter, parisien; baccalaureus theologus, huiusce parochialis eccl.æ S.ti Georgii de Nigelli humo pro utraque portione rector, in Dei et S.ti martiris patroni honorem hocce conchameratum opus proprijs sumptibus et impēsis extrui et exedificari curauit anno domini millesiᵒ quĩgētesiᵒ nonagesiᵒ secūdo.

Au-dessous de cette inscription sont gravés ses armes et le monogramme de son nom; ensuite les quatre vers suivans :

LE MESME AV LECTEVR.

LANGVEDOU MA FAICT et tenu,
Paris despuis ma maintenu ;
Ce sainct lieu pour sien me réclame
Attire, o DIEV, a toi mon ame.

Le clocher est à peu près du même temps, et la nef est encore moins ancienne; mais nous n'avons pu nous procurer aucuns renseignemens sur leur construction.

Cette église, quoique bâtie à diverses reprises, était très-régulière, excepté dans ses fenêtres plus nombreuses d'un côté de la nef que de l'autre; mais les nouvelles fenêtres qui y furent pratiquées par M. l'abbé Quettier, en 1827, n'y ont, sous ce rapport, rien laissé à désirer.

Aussitôt après sa fondation, cette église devint paroissiale. Néel Ier, vicomte du Cotentin, seigneur de St-Sauveur, créateur et premier baron de Néhou, établit pour la desservir un prêtre qualifié du nom de *clerc*. Richard IIe du nom, son fils, Néel II, son petit-fils, barons successifs dudit lieu de Néhou, maintinrent l'établissement fondé par Néel Ier. La desserte de cette église était alors amovible ; et la population (peu nombreuse à cette époque puisqu'elle ne se composait que du petit nombre de vassaux que les barons de Néhou avaient sur leurs terres de la paroisse) ne nécessitait pas la présence de plusieurs ecclésiastiques (1).

En fondant son église, Néel y attacha, pour l'entretien de son clerc, un logement, la jouissance de certaines terres contiguës à ladite église, celle de la dîme des blés qui se récoltaient sur ses terres en culture, et les revenus du dedans et du dehors de l'église, qui consistaient en offrandes et en rétributions des baptêmes, mariages et sépultures (2).

La révolte d'un autre Néel, descendant du fondateur, ayant fait passer dans une

---

(1) Arch. de l'église de Néhou.
(2) *Ibid.*

autre famille la terre de Néhou, vers 1047, n'y changea rien pour le spirituel.

Baudouin, seigneur de Meules, en Lieuvin, qui obtint la baronnie de Néhou confisquée sur Néel II le vicomte, ainsi que le comté de Vernon, confisqué sur Guy de Bourgogne, et Richard, seigneur de Reviers, en Bessin, fils de Baudouin de Meules, qui devint à la mort de son père comte de Vernon et baron de Néhou, y établirent successivement de semblables clercs.

Ce Richard, qui le premier porta le nom de Vernon, lequel devint celui de la famille de ces seigneurs, avait, comme nous l'avons dit, inféodé en 1086 une grande partie de la terre de la paroisse au chevalier Guillaume de Reviers-la-Beurrière, qui, par-là, devint le vassal noble de la baronnie. Comme nous l'avons vu, ce nouveau seigneur se donna bientôt lui-même des vassaux. Pour ne le point céder à son seigneur suzerain, il voulut aussi avoir, tant pour lui que pour ses vassaux, un clerc dans l'église paroissiale.

Un deuxième ecclésiastique fut donc attaché à la desserte de cette église, avec le même titre et les mêmes priviléges dont celui du baron avait été gratifié. Telle est l'origine des deux bénéfices-cures qui ont existé à Néhou jusqu'à l'époque de la révolution.

Jusqu'ici notre paroisse n'a encore offert aucun monument ecclésiastique qui la mette au-dessus des autres. Nous allons arriver à une époque où elle va prendre une importance due à la pieuse libéralité de ses seigneurs, et dont, ce qui semble un paradoxe, cette même libéralité la dépouillera bientôt après.

En l'an 1105, Richard de Vernon, plutôt par un motif de dévotion sans doute que pour suivre le goût de son siècle, fonda une église collégiale à l'entrée de son château de Néhou. Il la dédia sous l'invocation de la Ste Vierge, et elle fut connue plus tard sous le nom de *Notre-Dame*. Cette fondation fut faite de l'avis de Henri Ier, roi d'Angleterre et duc de Normandie, de Raoul, évêque de Coutances, et de tous les vassaux nobles de la baronnie de Néhou. Le fondateur exprime, dans la charte de fondation, le motif de cette entreprise : il l'établit en rémission de ses péchés et pour le repos de l'ame de ses ancêtres et de tous les fidèles trépassés (1).

Cette collégiale fut dotée d'un vaste logement pour les chanoines, désigné dans la charte de fondation par le mot *manerium*, manoir, de la part du fondateur, ainsi que de quatre prébendes auxquelles le seigneur de la Beurrière, son premier vassal noble, ajouta une cinquième. Elles furent possédées par cinq chanoines, qui étaient tenus d'y célébrer l'office canonial.

Le fondateur établit doyen des quatre chanoines qu'il avait placés dans sa collégiale Richard, prêtre, qui desservait son église de St Georges de Néhou, et lui donna pour sa prébende, en perpétuelle aumône attachée à la collégiale, toutes les dîmes et tous les autres revenus qui ap-

---

(1) Cartul. de l'abbaye de Montebourg.

partenaient pour sa portion à l'église de St Georges de Néhou, dont le curé devait être désormais chanoine de Notre-Dame. Il ajouta, pour cette prébende, aux revenus appartenant déjà à l'église paroissiale, la place d'une maison (*sedem domús*) dans le bourg de Néhou, et une rente de vingt sous à prendre sur les possessions dont Guillaume-le-Conquérant avait gratifié son père en Angleterre (1).

Les trois autres premiers chanoines de Richard de Vernon furent Guillaume, Roger et Raoul.

Il aumôna à la collégiale, pour former la prébende de Guillaume, l'église de St Laurent (de Rauville-la-Place), par conséquent les dîmes et revenus appartenant à ladite église, un logement dans le manoir des chanoines, la place d'une maison dans le bourg de Néhou et vingt sous de rente sur ses seigneuries d'Angleterre.

---

(1) Cartul. de l'abbaye de Montebourg. Tout le monde sait que la valeur extrinsèque des espèces dont il s'agit ici, était, dans ce temps, bien supérieure à celle qu'elles ont aujourd'hui.

Dès-lors ce chanoine, comme les autres dont nous allons parler, devint le curé primitif de l'église qui lui fut aumônée et il la fit desservir par un prêtre appelé dans ce temps Vicaire-perpétuel (1).

La prébende qui fut conférée à Roger était composée de l'église de Ste-Colombe, qui alors était une dépendance de Golle-

---

(1) « On appelle ainsi les curés qui desservent
» les cures dépendantes d'un Chapitre, d'une
» Abbaye, d'un Prieuré, au lieu et place des curés
» primitifs, qui sont les gros décimateurs, et qui
» ne laissent à ces Vicaires qu'un gros ou une por-
» tion congrue, ou une partie des dîmes, avec le
» casuel de l'église. Ce sont les curés primitifs qui
» font la présentation de ces Vicaires-perpétuels
» à l'évêque. *(Dictionn. Théolog. V.° Vicaires-*
» *perpétuels).* »
Les bénéfices-cures de ce genre devaient être visités tous les ans par les Ordinaires des lieux, et ceux-ci devaient s'appliquer avec un soin particulier à pourvoir au salut des ames par l'établissement des Vicaires-perpétuels, et assigner, pour l'entretien desdits Vicaires, une portion du revenu, comme du tiers, plus ou moins, selon la prudence des Ordinaires *(Concil. Trid. c. 7. De Vic. perpet).*

ville, et des terres, revenus et aumônes appartenant à ladite église. La charte de fondation les désigne et en marque l'emplacement; mais nous passons cet article sous silence, parce que, les lieux ayant changé de face, on ne pourrait s'y reconnaître. Le fondateur y ajoute, comme aux autres, une rente de vingt sous en Angleterre.

La quatrième prébende, qui fut conférée à Raoul, se composait des revenus antérieurement attribués à la chapelle que le fondateur avait dans son château de Néhou; de la dîme des bois qui devaient se couper dans les forêts appartenant à sa baronnie (*ad veterem honorem Nigelli humi*), savoir, dans les forêts appelées Montrond, Haye-de-Néhou et Haye-de-Morville; de la dîme des joncs, bruyères et autres menus bois, ainsi que des amendes prononcées par le gruyer de ses forêts, avec des droits de chasse et de pâturage. Il ajouta à ces divers revenus pour la même prébende, les dîmes du produit des moulins présens et à venir appartenant à sa baronnie; la dîme des anguilles de la pêcherie qu'il désigne dans la charte de fondation sous le nom de *Longa Roca*, qu'on trouve nommée *Longue Bigne* dans le partage de 1283, 177 ans plus tard, et qui désigne le lieu nommé aujourd'hui Romare (1); la dîme des pêcheries des moulins de Colomby et du quart des pêcheries des moulins de Néhou, avec un emplacement de maison donné en franc-alleu dans le bourg dudit lieu, un logement dans le manoir des chanoines et vingt sous de rente en Angleterre. Enfin, il aumôna à la collégiale, pour cette prébende, la moitié de l'église de Colomby avec les aumônes et revenus appartenant à cette portion.

A cette 4.e prébende était attachée la fonction de secrétaire du seigneur fondateur et de directeur de ses domaines ;

---

(1) Le mot *romare* signifie *mare de la roche*, le mauvais latin *longa roca* et le vieux français *longue bigne* signifient *long rocher*. Or, le rocher de marbre bleu que l'on trouve aux environs de Romare s'étend fort au loin et traverse plusieurs paroisses.

aussi, ce chanoine était auprès du seigneur dans la plus grande intimité: *dedi....omnia mea videnda et custodienda de clientibus meis cum dape meo* (1).

Après avoir déterminé les revenus composant chacune des prébendes dont il dota sa collégiale, Richard de Vernon attribua à cet établissement, pour le commun usage des chanoines, les dons et offrandes qui seraient faits à l'église. Il leur concéda ensuite, pour eux et leurs successeurs, des droits d'usages dans ses forêts de Monroc, consistant en droits de pâturage, de chauffage et d'aménagement, c'est-à-dire droit de mettre des bestiaux à pâturer dans lesdites forêts, d'y prendre du bois, tant pour leur chauffage que pour la construction et la réparation de leurs maisons, comme il avait fait à ses vassaux nobles. Le luminaire de cette église, ainsi que tous les objets nécessaires au culte, devaient être entretenus de la dîme du produit des redevances dues au fondateur

---

(1) Apd. Cart. Montisburgi.

dans tout le bourg de Néhou : *et eidem ecclesiæ quam constitui concessi in proprio dominio decimam telonei de Castello ad lumen et ad necessaria ecclesiæ* (1).

Du consentement de Richard de Vernon, Guillaume de Reviers-la-Beurrière son premier vassal noble, mû par un grand sentiment de piété (*commotus magná pietate*), plaça également dans la collégiale de Notre-Dame, en qualité de chanoine, Richard, fils de Baudouin, son clerc de St Georges de Néhou. Il lui aumôna pour sa prébende, non seulement la dîme des grains qui se récoltaient sur les fonds de son fief de Reviers-la-Beurrière, mais il lui donna encore des droits d'usages de chauffage, de bâtimens et de réparations, dans ses portions de la forêt de Néhou, appelées Monroc et Haye-de-Danneville. Ces usages étaient à l'instar de ceux qui avaient été aumônés aux chanoines de Richard de Vernon. Il lui donna de même un logement dans le bourg de Néhou.

---

(1) Apd. Cart. Montisburgi.

Il paraît que le 4e chanoine de Richard de Vernon était plus distingué par sa science que le commun des clercs à cette époque. Il l'appelle constamment *Radulphus grammaticus, Raoul le grammairien*. Ce seigneur ayant fondé à Néhou un établissement où l'on enseignait les langues, sans doute, le donna à la prébende de ce chanoine. Cette école fut, sur la demande que lui en avait faite Richard de Vernon, autorisée par Raoul, évêque de Coutances, de l'avis de Gosselin et de Pierre, ses archidiacres, et à la recommandation de Henri Ier, roi d'Angleterre et duc de Normandie. On ignore combien de temps a duré cet établissement. Voici le texte de la fondation: *Hic supradictus episcopus, laude Henrici regis Anglorum, et meâ prece, et consilio Goscelini et Petri archidiaconorum suorum, dedit mihi in feodo tenere scholas in Nigelli humo. Has scholas concessi præbendæ Radulphi* (1).

Hosmond, chapelain du seigneur, fut chargé de porter à Coutances la charte de

---

(1) Apd. Cart. Montisburgi.

fondation de ces établissemens, afin que l'évêque y souscrivît et les confirmât, comme il avait été convenu. Nous passons sous silence les bénédictions que Richard lègue aux conservateurs de son église, et les anathèmes auxquels il voue ses destructeurs (1).

Quoiqu'il ne soit point ici fait mention de l'église de Golleville, il est cependant certain qu'il y en eut une portion qui fut donnée, avec les dîmes et tous les revenus qui y appartenaient, à la collégiale de Néhou. Sans doute que cette donation fut faite par un acte subséquent, parce qu'en 1152 où la collégiale de Néhou et les églises qui en dépendaient furent données à l'abbaye de Montebourg, une partie de l'église de St Martin de Golleville et par conséquent des revenus, la portion annexée à la terre qui dépendait du fief de Vernon, ou ancienne baronnie de Néhou, se trouvait comprise dans l'énumération des églises qui appartenaient à la collégiale. Cette portion de l'église de

---

(1) Apd. Cart. Montisburgi, fol. 7 et 67.

Golleville est encore expressément cité dans les confirmations faites par l'archevêque de Rouen et l'évêque de Coutances des dons faits à l'abbaye par le seigneur de Néhou (1). Ce qui vient encore à l'appui de ce que nous venons de dire, c'est que M. le curé de Golleville a fait clore il n'y a pas long-temps un morceau de

---

(1) La terre du Quesnay de Golleville était une dépendance de la baronnie de Néhou ; c'était à cause de cette terre que le seigneur de Néhou avait la disposition d'une partie des dîmes de Golleville, et par conséquent une partie du droit de patronage de l'église de cette paroisse.

Le droit de patronage était de sa nature indivisible : néanmoins plusieurs le pouvaient tenir par indivis ; et, lorsqu'il s'agissait de l'exercer, chacun avait sa voix ; mais la pluralité des suffrages l'emportait (*Arr. du Parlem. de Paris, du 4 juillet 1605; Pontas, V.º Patronage*).

Cependant les patrons pouvaient exercer leur droit alternativement, comme le prouve la Glose par une Constitution de Clément V et une autre de Boniface VIII. Lorsqu'il y avait deux titres, ou plus, dans une paroisse, et qu'il y avait plusieurs patrons, chacun exerçait son droit à la mort du titulaire dont la nomination ou présentation lui était dévolue.

terrain sur l'emplacement des forêts de Monroc en extinction de son droit d'usages; et ce droit, il ne l'exerçait qu'en qualité de chanoine de Néhou. M. le curé de Néhou y en possède le double, comme représentant le chanoine du baron et celui du premier vassal noble de la baronnie. MM. les curés de Rauville-la-Place, de Ste-Colombe et de Colomby y ont des droits semblables, puisqu'ils sont de même les représentans des chanoines chargés jadis de desservir ou de faire desservir leurs églises, et que ces chanoines avaient des droits égaux.

On était alors à une époque où les seigneurs normands rivalisaient de zèle pour la construction des églises et des monastères et où, disent les historiens, on regardait comme perdu le jour qui n'était pas consacré par quelque établissement religieux (1). Les seigneurs de Néhou travail-

---

(1) Unusquisque optimatum certabat in prædio suo ecclesias ædificare *(Will. Gemet., lib. VI)*... Ità ut sibi periisse diem quisque opulentus existimet quam non aliquâ præclarâ magnificentiâ illustret *(Will. Malmesb., de Reg. lib. 3)*.

laient depuis long-temps à augmenter et à enrichir une de nos plus belles abbayes, celle de Montebourg, de l'ordre de St Benoît, observance du Mont-Cassin (1), qu'ils avaient fondée en 1090.

Richard et Baudouin de Meules, fils du comte Gislebert, avaient dirigé, avec Roger, Ier abbé, les premiers travaux de ce monastère. Mais Baudouin de Reviers, comte de Devon, petit-fils de Baudouin de Meules, fut celui qui s'en était le plus occupé. Le roi d'Angleterre Henri Ier étant mort en 1135, deux concurrens, Geoffroy

---

(1) Le Mont-Cassin, situé dans le royaume de Naples, fut le principal établissement de St Benoît. C'est de l'observance du Mont-Cassin, dans l'abbaye de Montebourg, qu'est venu aux habitans de ce lieu le nom de *Câsines* et de *Cassins*, qu'ils portent dans une grande partie du département. Cette dénomination, qu'on leur donne en mauvais sens, vient, comme l'on voit, d'une sainte origine. Avant l'an 1319, que fut consacrée l'église paroissiale actuelle de Montebourg, les habitans assistaient à l'office divin dans l'église de l'Abbaye.

froy Plantagenet, son gendre, et Etienne de Blois, son neveu, s'étaient disputé sa succession. Baudouin de Reviers était devenu en Angleterre un des plus grands ennemis d'Étienne. Celui-ci cependant l'ayant emporté, prit à Baudouin ses principales forteresses et l'obligea de s'enfuir en Normandie, où il vint se refugier dans son château de Néhon (1).

Il s'y était beaucoup occupé de l'abbaye de Montebourg. L'église de ce monastère qui, avant la révolution, était la plus vaste et la plus remarquable de la presqu'île du Cotentin, avait été achevée et en partie construite par ses soins (2). Elle fut consacrée, en 1152, par Hugues d'Amiens, archevêque de Rouen, Rotrou de Beaumont ou de Neubourg, évêque d'Evreux,

---

(1) Ric. prior Hagulstad, de gest. Stephani, apd. Twysden, col. 313; Beauties of England, Devon; Worsley, Hist. of the isle of Wight; et M. de Gerville, qui les cite dans son mémoire sur l'abbaye de Montebourg.

(2) *Id., ibid.*

et Richard de Bohon, évêque de Coutances (1).

Cette dédicace fut des plus solennelles. Henri, duc de Normandie, qui peu après devint roi d'Angleterre sous le nom de Henri II, y était présent avec tous les abbés et les barons de Normandie (2). Mais ce brillant établissement, tout en prouvant l'opulence et la pieuse libéralité des seigneurs de Néhou, fut fatal à la collégiale fondée dans cette paroisse. C'était un usage alors que, le jour où se faisait la dédicace d'une église, tous les seigneurs qui y assistaient fissent chacun une donation, soit en argent, soit en terres ou en priviléges, au nouvel établissement.

Guillaume de Vernon, fils de Richard fondateur de la collégiale, et baron de Néhou après lui, la transféra donc en ce jour à l'Abbaye de Montebourg avec les prébendes qui y avaient été annexées lors de sa fondation, et cela, comme il s'en

---

(1) Gall. Christ.; Neustria pia; Cartul. 2 Montisb., f.° 68.
(2) *Ibid.*

explique lui-même dans sa charte de donation, afin que l'Abbaye fût enrichie et augmentée d'autant de religieux qu'on aurait remis de chanoines à Néhou après le décès de ceux qui y étaient dans le moment.

Cette donation respire les sentimens de la plus tendre piété (1). Le seigneur la fit lui-même et la déposa sur l'autel de la Ste Vierge, le jour même de la consécration de l'église de l'Abbaye de Montebourg; et elle fut signée par l'archevêque de Rouen et par l'évêque de Coutances, qui la scellèrent de leur sceau.

Ainsi, par cette donation, passèrent à l'Abbaye la collégiale de Néhou avec la moitié de l'église St Georges et les revenus y annexés, les églises de Rauville-la-Place et de Ste-Colombe en Golleville, la moitié de l'église de Colomby et la partie de celle de Golleville annexée à la terre dépendante du fief de Vernon ou de la baronnie ancienne de Néhou, avec tous

---

(1) Voyez la Note 2°, à la fin du volume.

les revenus qui y étaient attachés. Le donateur y ajouta encore l'église de Gonneville au Val-de-Saire, avec les dîmes et autres revenus de cette église.

Le chevalier Guillaume de Reviers-la-Beurrière, dont la générosité et la bienfaisance ne le cédaient en rien à celles de son seigneur suzerain, en fit autant lors de la translation de la collégiale de Néhou : il transporta également à l'Abbaye de Montebourg et le canonicat que possédait son clerc de St Georges, et les revenus qu'il y avait attachés en 1105, par conséquent l'autre moitié de l'église paroissiale de St Georges de Néhou (1).

Le pape Adrien IV, Hugues d'Amiens, archevêque de Rouen, Richard de Bohon, évêque de Coutances, Etienne de Blois, roi d'Angleterre et duc de Normandie, ainsi que la postérité successive des de Vernon et des Reviers-la-Beurrière approuvèrent cette translation (2).

Une ancienne tradition nous apprend

---

(1) Cartulaire 2 Montisb., f.o 68.
(2) *Id*., f.ls 54, 67, etc.

que les chanoines de Néhou, vraiment séculiers, répondirent bien mal aux vœux des fondateurs; et que ce fut là la raison pourquoi leurs prébendes furent transférées à Montebourg. L'évêque de Coutances aurait même, d'après cette tradition, prononcé qu'on devait les regarder comme morts, quant aux effets de l'acte de translation; et, qu'en conséquence, on ne devait pas attendre leur décès pour faire jouir de leurs bénéfices les religieux de l'Abbaye.

L'amour de la vérité nous impose l'obligation de montrer la fausseté de cette tradition. Elle devait sans doute son origine à une prétendue lettre de l'archevêque de Rouen à l'évêque de Coutances, laquelle est sans date, trouvée à l'Abbaye de Montebourg, et dont une copie existe aux archives de l'église de Néhou.

Cette lettre ne peut se soutenir contre la critique la moins éclairée. Hugues, archevêque de Rouen, y donne des avis à Algare, évêque de Coutances, et lui laisse la liberté de prononcer la mort civile des chanoines de Néhou, afin de mettre l'Abbaye de Montebourg en possession de leurs revenus, qui lui avaient été donnés en 1152, en présence de Richard de Bohon, évêque de Coutances; tandis que l'évêque Algare, son prédécesseur, était mort en 1151, un an au moins avant la donation dont il s'agit. Tout porte donc à croire que cette lettre est apocryphe et même supposée; que les prébendes de Néhou ne passèrent à l'Abbaye qu'après le décès des chanoines, et que ceux-ci ne méritent en aucune manière l'inculpation dont on les charge.

Dès-lors l'Abbaye de Montebourg fut chargée de la desserte de la paroisse de Néhou. La collégiale, quoiqu'ayant perdu ses prérogatives, continua à être desservie par le curé au titre du baron et par un autre prêtre. Ces deux ecclésiastiques la desservaient alternativement chacun leur semaine. Deux siècles après, les choses n'avaient pas encore changé : le *livre blanc* de l'Evêché de Coutances, rédigé vers 1340, sous l'épiscopat de Louis d'Erquery en fait foi. Il y est dit que le temporel de l'ecclésiastique compagnon du curé était évalué à la somme de huit livres. Les titres nous manquent pour dire combien de temps la collégiale a été ainsi desservie. Une prisée de la baronnie du Château, en date du 23 janvier 1473, en parle encore, et nous la place un peu au sud-ouest du château, sur le bord du chemin qui venait du bourg de Néhou à l'église paroissiale; on ignore l'époque de sa destruction.

LIVRE DIXIÈME.

L'Abbaye de Montebourg, chargée de la desserte de l'église de St Georges de Néhou, en même temps qu'elle devient propriétaire de ses revenus, conserve les deux titres établis par les seigneurs. Elle commet successivement des religieux pour desservir la cure fondée par le seigneur-baron, qui est la première. Elle en fait autant pour la cure du premier vassal noble, qui est la seconde. Mais comme cette Maison était devenue propriétaire des dîmes et autres revenus de l'église, elle donna une pension à chacun des deux religieux-curés; s'empara des dîmes; les fit récolter à son profit et transporter dans une grange qu'elle avait fait bâtir à *Roulard*, sur un fonds qui lui avait été aumôné par le seigneur de Reviers-la-Beurrière. Il y a peu d'années que l'on en voyait encore des ruines : le terrain où elle était appartient depuis long-temps à la famille Le Tanneur.

Un décret du 3.ᵉ concile de Latran, tenu sous Alexandre III, en 1179, ayant défendu aux religieux de desservir les églises paroissiales (1), l'abbé de Montebourg, devenu curé primitif des églises qui lui avaient été aumônées, y commit des séculiers sous le titre de *vicaire* ; mais ce décret, ne s'étendant pas à l'Eglise universelle, n'eut pas aussitôt son exécution pour la cure du vassal. Ces prêtres, soit séculiers, soit réguliers, qualifiés du titre de vicaire, furent d'abord amovibles et ensuite perpétuels, jusqu'au moment où enfin ils portèrent le titre de *curé*. Pour lors, l'abbé de Montebourg n'était plus considéré que comme patron-présentateur.

Le système d'indemnité adopté par l'Abbaye pour le temporel des prêtres vicaires-perpétuels de Néhou ne pouvait se soutenir long-temps. Aussi voyons-nous Robert, premier vicaire-perpétuel sécu-

---

(1) Concil. Later. III, part. 27, apd. P. Labbæum, t. 10.

lier, commis par l'Abbaye en 1180 à la desserte de l'église de Néhou, pour le premier titre, obtenir peu d'années après sa nomination, un temporel plus conforme aux intentions des seigneurs fondateurs. Elle lui délaisse un presbytère, des terres d'aumône, la moitié des grosses dîmes et toutes les menues dîmes de sa portion, les casuels du dedans et du dehors de l'église et une rente de six quarts de froment, mesure de 22 pots ou de Néhou (1).

Sous un des successeurs de cet ecclésiastique, en 1213, Hugues de Morville, évêque de Coutances, trouvant encore ce traitement trop modique, oblige l'Abbaye à lui payer annuellement, au lieu de six quarts de froment, la tierce partie des grosses dîmes que cette Maison percevait sur le fonds du fief de Vernon, ou ancienne baronnie de Néhou (2). Ce nouvel arrangement, du reste, ne dura pas longtemps; car nous trouvons dans le *livre noir*

---

(1) Extr. du Cart. de Montebourg.
(2) *Id.*

de Coutances, rédigé sous Jean d'Essey, en 1250, lequel contient les noms des patrons, l'état des revenus et des charges des cures, que l'Ecclésiastique chargé de desservir la cure de la première portion, lequel s'appelait alors *curé*, ne possédait plus que la moitié des grosses dîmes. Le *livre blanc*, rédigé un siècle plus tard, dit la même chose, et évalue ce bénéfice à la somme de soixante livres : l'abbé de Montebourg et son prieur de St-Jean-des-Bois percevaient l'autre moitié : *Abbas et suus prior de Monterotundo percipiunt aliam medietatem.* Le Curé percevait en outre toutes les menues dîmes et le casuel de sa portion, et avait en aumône un manoir presbytéral, situé à l'extrémité orientale de la paroisse, tout près de l'ancienne collégiale : *habet manerium presbyteratûs in eleemosyná in metis suæ parochiæ. Est quædam capella* (la collégiale) *annexa portioni ejusdem, in burgo de Nigellihumo, sita ubi percipit grossos et minores fructus*(1).

---

(1) Extrait du *livre blanc*.

Depuis cette époque jusqu'à la révolution, il n'y a pas eu de changement notable pour le temporel de cette cure. Voilà pourquoi on l'appelait dans la paroisse *cure de la petite portion*, quoique ce fût celle-là qui fût la première et qu'elle eût été fondée par le seigneur suzerain.

On a dû remarquer que nous venons de parler de St-Jean-des-Bois, sans que nous ayons donné de détails sur cet établissement. C'était un prieuré qui fut fondé par les seigneurs de Reviers-la-Beurrière quelques années après la consécration de l'église de l'Abbaye de Montebourg et mis sous la dépendance de cette Abbaye. Il semble que ce fût comme un dédommagement que les seigneurs donnaient à la paroisse et en même temps à leur piété, de ce qu'ils avaient en quelque sorte anéanti la Collégiale ; et, de même que celle-ci fournit des Religieux à l'Abbaye en lui donnant des revenus, l'Abbaye, à son tour, fit en quelque sorte revivre la Collégiale de Néhou en renvoyant dans cette paroisse des Religieux qui desservissent le nouveau prieuré. Mais, comme son histoire, de même que celle du prieuré du Belarbre, entraverait ici notre marche et nous ôterait de la clarté, nous la renvoyons à la fin de l'Ouvrage, où nous dirons un mot sur les chapelles de la paroisse.

L'Abbaye de Montebourg commettant des Religieux à la desserte de la cure fondée par le premier vassal noble de la baronnie ancienne de Néhou, usa envers ces ecclésiastiques réguliers de plus de générosité. Aussitôt après la tenue du 3e concile de Latran, le Religieux Vicaire-perpétuel de Néhou posséda dans leur intégrité les dîmes et autres revenus attachés à cette portion. Le livre noir de 1250 et le livre blanc de vers 1340, qui le qualifient du titre de *curé*, disent la même chose; et ce dernier ajoute que, outre les dîmes qu'il percevait sur la terre de Reviers-la-Beurrière, le curé à cette époque possédait trois vergées de terre d'aumône, une demi-vergée sur laquelle était bâtie sa maison presbytérale et deux autres vergées acquises par ses prédécesseurs. Cet état de choses n'a pas eu non plus de changement notable jusqu'à la révolution, en 1789. Voilà pourquoi cette cure était appelée *cure de la grande portion*, quoiqu'elle fût la seconde et qu'elle n'eût été fondée que par un vassal noble de l'ancienne baronnie.

Depuis cette époque reculée jusqu'à la révolution, qui a anéanti en France les patronages et les dîmes, les curés de Néhou, au titre du baron, ont souvent pris en fief de l'Abbaye la portion du bénéfice que cette Maison s'était réservée. Nous avons un relevé de ces différens marchés aux archives de l'église, et le cartulaire de l'Abbaye donne là-dessus beaucoup de détails; mais tous ces détails ne pourraient qu'ennuyer davantage nos lecteurs.

Il s'est fait aussi, à diverses époques, des cantonnemens entre les deux curés pour une plus grande facilité dans la perception des fruits de leurs bénéfices. Ceci a eu lieu surtout dans le dernier siècle qui a précédé la révolution ; et, pour lors, sans distinguer la grande portion d'avec la petite, ils partageaient la paroisse en deux parties égales et les tiraient au sort.

L'Abbaye cependant ne renonça pas à ses droits. Tout en se déchargeant du soin de recueillir ce qui lui appartenait des dîmes de la première portion de l'église de Néhou, elle ne recevait pas moins du titulaire de cette portion une rente équivalente aux fruits qu'elle aurait perçus en nature. Ceci a duré jusqu'à la révolution ; et c'est ce qui a été cause que les gens du monde qui, en pareil cas, ne jugent des choses que sous le point de vue de l'intérêt, aient continué d'appeler ce titre *cure de la petite portion* ou *petite cure*.

L'Abbaye de Montebourg a donc toujours été jusqu'à la révolution en possession du patronage de l'église de Néhou pour les deux titres, sauf une partie du siècle dernier qu'elle fit avec les seigneurs des conventions dont nous parlerons bientôt. Mais, quoique le patronage fût aux mains de l'Abbaye, le titre de seigneur-patron n'en était pas moins resté aux seigneurs concesseurs, ainsi qu'à leurs hoirs, avec toutes les franchises et les droits honorifiques, comme cela était conforme à l'article 142 de la Coutume de Normandie, à ce qu'enseigne Blondeau en ses additions sur Bouchel (1), et comme l'a jugé le Parlement de Rouen, par arrêt du 10 juillet 1609, rapporté par Bouchel et par Forget. Ces droits honorifiques des patrons consistaient à avoir la préséance et la première place dans l'église, comme l'a jugé le Parlement de Normandie le 6 mai 1610 (2), et à marcher le premier aux processions ; à recevoir le premier la distribution de l'eau bénite et du pain bénit, les encensemens avant tous les autres laïques, à être recommandé aux prières publiques au prône de la messe paroissiale, et enfin à être inhumé dans l'église.

Après le partage de l'ancienne baronnie de

---

(1) V.o *Patronage*, N. 215.
(2) Basnage, sur l'art. 142 de la Cout. de Normandie.

de Néhou en 1283, ce fut le baron de l'Angle qui posséda ce titre et ces honneurs, pour la première portion, comme étant propriétaire de la glèbe, c'est-à-dire de la baronnie de l'Angle, sur laquelle l'église est bâtie. Le droit honoraire de patronage de la seconde portion, qui appartenait au seigneur de Reviers-la-Beurrière, fut réuni au premier entre les mains des barons de l'Angle lors de l'acquisition de la prévôté de Reviers par ces barons. Nous voyons qu'ils en ont joui paisiblement et sans trouble jusqu'en 1651, que Messire de La Guiche-St-Géran, engagiste de la baronnie du Château, voulut s'arroger ce titre au droit du Roi. Mais le seigneur d'Harcourt, qui était alors baron de l'Angle, lui prouva que lui seul était patron de l'église, pour les deux titres, comme possesseur de la glèbe, à laquelle ils avaient été attachés dans leur origine (1).

---

(1) *Factum* pour le seigneur d'Harcourt, aux Archives de l'Eglise.

Trois cents quarante ans auparavant, une contestation de ce genre avait eu lieu entre Guillaume de Brucourt et Robert de La Haye, beaux-frères, et barons de Néhou, comme ayant épousé l'un Jeanne et l'autre Mathilde de Vernon, filles du dernier seigneur de cette illustre famille. Ce ne fut pas au sujet des droits honorifiques de l'église de Néhou, mais nous en parlons parce qu'il s'agit de droits prétendus à cause de l'ancienne seigneurie de cette paroisse et des libéralités de ses seigneurs. Il s'agissait, dans ce procès, de savoir auquel des deux seigneurs appartenaient le droit de garder la porte de l'abbaye de Montebourg, lorsqu'il n'y avait plus d'abbé, et les prérogatives attachées à ce droit, dont la principale était d'être regardé comme descendant et représentant du fondateur de l'abbaye. La contestation fut portée aux assises de Valognes, devant le bailli du Cotentin, *le samedi continu du jeudi après la fête Ste Luce, Vierge, l'an* 1311. On appela pour arbitres Guillaume Bertrand, seigneur de Sanguernon, oncle, et Robert Bertrand, seigneur de Bricquebec, cousin germain dudit seigneur de Brucourt, lesquels, ayant déclaré que le droit en question appartenait à Robert de La Haye, le jugement fut prononcé à son avantage, aux assises suivantes, *le mardi après la St Vincent, l'an de grâce* 1311. Guillaume de Thieuville, évêque de Coutances, fut chargé, par le bailli du Cotentin, d'en assurer l'exécution (1).

L'abbaye de Montebourg engagea, dans le XVIIe siècle, à Robert Le Pigeon, seigneur de Magneville et baron de l'Angle, une partie de ses revenus de la paroisse de Néhou, sans prétendre y attacher l'exercice du droit de patronage. Cependant, ce seigneur nomma en 1665 M. l'abbé Dubois à la cure de la seconde portion de l'église de Néhou; et l'Abbaye

---

(1) Copie de cette sentence, *penès nos*. Il est aussi parlé de ce procès dans plusieurs ouvrages imprimés : *Neustria pia, Gallia christiana, Mémoires de M. de Gerville,* etc.

quoiqu'ayant réclamé, fut évincée : une sentence rendue au baillage de St-Sauveur confirma, sur certains exposés, la nomination à son détriment.

Mais ce fut le 18 Août 1721 que des conventions furent faites d'une manière plus claire et plus positive. Les seigneurs Le Pigeon avaient eu et avaient encore des prétentions sur le droit de patronage de la deuxième cure, en conséquence de ces arrangemens faits avec l'Abbaye, dont nous avons parlé. Cette Maison transigea avec eux à ce sujet, et elle leur fieffa en même temps le patronage du premier bénéfice, les rentes, bois, prairies et dîmes qu'elle possédait à Néhou; ce qui donna lieu dans la suite à plusieurs contestations entre les curés de Néhou et la famille Le Pigeon-de-Magneville, à l'occasion des dîmes dont ceux-ci prétendaient percevoir au droit de l'Abbaye une partie que l'Abbaye, quoique peut-être elle y eût droit, n'exigeait pas avant d'avoir aliéné ces biens.

L'Abbaye avait cru pouvoir faire ces

conventions, appuyée sur ce qu'elle ne fieffait pas seulement le droit de patronage, qui, lui ayant été donné gratuitement et par manière d'aumône, était devenu purement ecclésiastique, et qu'elle ne pouvait vendre ni fieffer sans se rendre simoniaque; mais encore sur ce qu'elle fieffait en même temps des biens purement séculiers. En conséquence, l'inféodation faite le 18 août 1721 dura plus de cinquante ans, et les seigneurs firent librement et sans inquiétude, pendant cet intervalle, l'exercice de tous les droits qui appartenaient précédemment à l'Abbaye. Néanmoins, cette Maison ayant examiné plus à fond la nature du contrat, crut y apercevoir la tache de simonie, et fit en conséquence annuler son fief de 1721. Et en effet, il est bien certain que dès-là que l'on vendait ou que l'on fieffait une terre à laquelle était attaché le droit de patronage, ce droit passait avec la terre en la puissance de celui qui l'avait achetée, à moins que le droit de patronage n'eût été expressément excepté, *nisi de ipso specialiter exci-*

piatur, ainsi que parle St Antonin (1). C'est aussi ce qu'enseigne le pape Alexandre III, dans deux de ses décrétales, ainsi que St Thomas et beaucoup d'autres théologiens.

Mais dans l'espèce en question, quoiqu'en aliénant le droit de patronage, l'Abbaye eût aliéné des bois, des prairies, des rentes et des dîmes qui lui appartenaient, le droit de patronage n'étant point attaché à ces biens, mais bien aux seigneuries de Néhou, et l'Abbaye ne possédant ce droit que par donation et indépendamment des biens dont nous venons de parler, il était évident que fieffer ce droit était se rendre coupable de simonie. Elle réclama donc contre l'aliénation, qu'elle prétendit être moins que dûment faite, et rentra en 1774 non seulement en possession du droit de patronage, mais encore de ses droits et revenus.

Deux curés (2) avaient été nommés par

---

(1) S. Antonin. *III part. tit.* 12, c. 12.
(2) MM. Groult et Le Flamand.

les seigneurs pendant cet intervalle ; mais quoique ceux-ci n'eussent réellement point le droit de patronage, la nomination était cependant valide, parce qu'il y avait dans ce cas un titre coloré, suffisant pour rendre légitime la possesion de bonne foi. C'est ce qui est conforme à cette maxime du droit que rapporte la Glose : « l'erreur commune sur un fait, fait droit » : *circà factum error communis facit jus* (1) ; et ce qui est expressément confirmé par le pape Alexandre III, écrivant à l'abbé de St-Albert (2).

Terminant ici ce qui concerne l'église de Néhou, nous allons parler des ecclésiastiques qui l'ont desservie depuis l'époque où les moines de Montebourg n'y ont plus figuré.

---

(1) Gloss. in d. leg. v. *reprobari*.
(2) Alex. III in c. *Consultationibus* 19, de Jure patronatûs.

LIVRE ONZIÈME.

Nous ne prétendons pas donner ici une liste exacte et entière des curés qui ont gouverné la paroisse de Néhou depuis la tenue du 3.e concile de Latran, époque où l'Abbaye cessa, au moins pour une des portions, de la faire desservir par des Religieux. Il se trouve des intervalles trop longs entre quelques-uns des curés dont nous allons donner les noms, pour qu'on puisse croire qu'il n'y a pas eu de curés intermédiaires. Quoi qu'il en soit, nous croyons faire connaître, à quelques-uns près, tous les ecclésiastiques tant séculiers que réguliers, qui ont desservi cette paroisse, depuis 1179, que le concile de Latran défendit aux Religieux de se charger des églises paroissiales, jusqu'à nos jours.

Nous allons commencer par les curés au titre du baron, ou de la petite portion. Les noms de famille n'étant encore guères en usage à l'époque d'où nous partons, on trouvera plusieurs curés qui ne sont désignés que par des noms de baptême. Tel fut le premier curé ou plutôt vicaire-perpétuel nommé par l'Abbaye pour remplir cette cure : il s'appelait Robert, fils de Robert et il fut nommé en 1180. Un autre fut nommé en 1213; il s'appelait Robert de Reviers-la-Beurrière. Le premier que nous trouvions ensuite n'était plus vicaire-perpétuel, il est qualifié du titre de *rector*, c'est-à-dire curé. Il s'appelait Thomas Cornière, et fut pourvu de ce bénéfice en l'an 1300. En 1329 Denis Le Coq lui succéda. Peu après 1400, nous trouvons Guillaume Le Verable, qui était encore curé en 1455. Jacques Mercent vient ensuite, lequel résigna en 1561 à Jean Ribet, pour obtenir la cure de St-Vaast. Jean Ribet, curé de St-Vaast, le remplaça immédiatement, et mourut en 1582. Le successeur de ce dernier fut Bernard de Broé, écuyer, parent de Bon de Broé, abbé commendataire de Montebourg. Il fut nommé en 1583; et, deux ans plus tard, il fut remplacé par Bon de Montchal, d'Annonay, écuyer, curé de l'autre

11*

portion dès 1583, et cousin-germain de l'abbé de Montebourg. Il mourut en 1619 et eut pour successeur Charles Desmonts, qui lui-même mourut en 1635. Desmonts fut remplacé par Jean Le Prévôt, qui mourut vers 1650, et auquel succéda Jacques Dupré. A Jacques Dupré succéda Gilles Néel, d'Yvetot, précédemment curé d'Anneville, dans l'archidiaconné de la Chrétienté, maintenant canton de Lessay. Il échangea avec Gilles Juhel, qui avait été pourvu de ce bénéfice. Néel résigna à François Perrey-des-Fontaines en 1667 et mourut en 1674. François Perrey-des-Fontaines fut curé à sa place jusqu'à sa mort arrivée en 1690. Il eut pour successeur Georges Meslin, nommé la même année par Melchior de Polygnac, abbé commendataire de Montebourg. Il mourut en 1692, et eut un successeur dont nous ne connaissons pas le nom, mais qui fut lui-même remplacé en 1700 par Pierre Dubosc, lequel était mort en 1716, car le nom du curé, sous cette date, était Jean-Antoine Dugardin, qui mourut en 1757. Son successeur fut Nicolas Le Flamand, auquel succéda en 1774 M. Jean-François Février, de la paroisse de La Meurdraquière. M. Février mourut en 1783, et fut remplacé par M. Joseph Viel, de Fresville, mort en 1829.

Le premier Religieux vicaire-perpétuel de Néhou au titre du premier vassal noble de la baronnie, connu sous le nom de *curé pour la grande portion*, fut un moine de l'abbaye de Montebourg, nommé Sapho; il fut nommé en l'an 1180. En l'an 1200, il avait pour successeur un autre moine, nommé Pierre. Nous ignorons l'époque de sa mort et le nom de son successeur immédiat. Celui que nous retrouvons le premier après lui dans la desserte de la paroisse et à son titre, était encore un moine de Montebourg, nommé Frère Jean. Il fut nommé en l'an 1288 et mourut en 1294. L'Abbaye nomma sur le champ pour le remplacer un autre de ses Religieux, nommé Béatrix, lequel, si toutefois il vint à Néhou, ne desservit pas long-temps cette paroisse, car nous le voyons, dès cette même année 1294, remplacé par Denis, lequel étant devenu encore en cette année, chanoine de Coutances, résigna à Raoul Malter. Ce Denis fut le premier prêtre séculier que l'Abbaye ait présenté à cette cure. Raoul Malter, qui devint curé en 1294, mourut sans doute vers 1313, car nous le voyons en cette année remplacé par un Religieux bénédictin de l'Abbaye de Montebourg, nommé le Frère Pierre. En 1329, Denis Le Coq, déjà curé de la petite portion, cumula les deux bénéfices, mais il fut remplacé l'année suivante dans la cure du vassal par Robert Lepissa, qui fut curé depuis 1330 jusqu'en 1337. En cette année, Théobald ou Thibault de la Haye lui succéda. Le premier qui vint après s'appelait Jean Le Moine. Nous ignorons l'année de sa nomination et celle de sa mort. En 1445, Nicole l'Eperon était pourvu de ce bénéfice, et en 1488, il était remplacé par Pierre Le Roy. En 1524, cette cure était remplie par Yves Ernouf, et en 1574 par Guillaume de Troussey, qui mourut en 1581. En cette année, l'Abbaye y nomma Jacques Perrier, fils de Thomas, contrôleur des tailles à Valognes. Mais il résigna presque sur-le-champ à Alexandre Levaast, qui lui-même fut remplacé en 1583 par Bon de Montchal, prieur de St-Jean-des-Bois, lequel cumula les deux bénéfices-cures en 1585 et mourut en 1619. Le successeur de Messire de Montchal fut Julien Perrey, qui mourut en 1627 et fut remplacé par Jean Campion. En 1644 l'Abbaye nomma à sa place Pierre La Joye, curé de Monthuchon, qui mourut vers 1655. Il eut pour successeur en cette année Gilles Denis, docteur en théologie, auquel succéda Guillaume-Antoine Dubois en 1665. Quinze ans plus tard, c'est-à-dire en 1680, Pierre Digne, curé de Lastelle, fut nommé par l'Abbaye en remplacement de messire Dubois. Il mourut vers 1706. En cette année l'Abbaye nomma pour lui succéder M. Pierre Le Sauvage, mort en odeur de sainteté. M. Pierre Groult, de Cherbourg, le remplaça en 1756, et revint mourir au milieu de son troupeau, en 1806, après avoir supporté les rigueurs de l'exil au temps de la terreur.

Depuis la mort de ce dernier ecclésiastique, il n'y a plus eu qu'un seul curé à Néhou, comme cela est arrivé dans toutes les autres paroisses qui avaient plusieurs titres avant la révolution. M. l'abbé Viel, que nous avons dit être mort en 1829, et qui desservit la paroisse conjointement avec M. Groult jusqu'en 1806, fut le premier qui, depuis la révolution, gouverna seul cette paroisse. Il a été remplacé en 1829 par M. Jean-Pierre-Augustin Quettier, curé actuel. Mais comme cette paroisse est trop étendue pour que tous les fidèles puissent se rendre aux offices de l'église paroissiale, il y a eu depuis 1804, un ecclésiastique chargé de faire l'office dans une chapelle désignée sous le nom de *Chapelle de Monroc*, jusqu'en 1823, que fut achevée la nouvelle église dédiée sous l'invocation de St-Jacques.

Cette chapelle, avant la révolution, ne servait pas moins à recevoir à l'office divin les fidèles que l'éloignement de l'église paroissiale en aurait souvent détournés. Mais afin de donner là-dessus des détails plus clairs, il est nécessaire de reprendre la chose de plus haut. La chapelle de Monroc, d'ailleurs, étant regardée comme le lieu le plus vénérable de la paroisse et ayant été autrefois si utile, on nous saura gré d'en retracer l'origine et d'esquisser son histoire.

On sait que vers la fin du XIe siècle commencèrent les Croisades, c'est-à-dire les guerres entreprises pour délivrer la Terre-Sainte du joug des Mahométans. Ces guerres faites par les princes chrétiens contre les Infidèles, se firent à diverses reprises pendant un espace de près de deux cents ans. Mais il arriva que beaucoup de ceux qui faisaient partie de ces expéditions rapportèrent la lèpre de la Palestine, où cette affreuse maladie était commune. Beaucoup même la gagnèrent en Europe, en communiquant avec les lépreux. Pour recevoir les malheureux atteints de ce mal, on fonda en France un grand nombre de maisons appelées *Ladreries* ou *Léproseries*; et, pour cela, on choisissait de préférence les lieux élevés, où l'air était plus pur. Telle est l'origine de la chapelle de Monroc (1). La bienfaisante famille de Reviers-Vernon s'était, comme nous avons eu l'occasion de le remarquer, déjà bien des fois distinguée par ses libéralités en faveur des églises et des monastères. Elle ne pouvait reculer en présence de ce nouvel établissement à former en faveur

---

(1) Notre-Dame de la Délivrande, à Rauville-la-Place, fut un de ces hospices. Depuis plusieurs siècles, la chapelle est sous l'invocation de la S.te Vierge; mais, dans le temps des Croisades, où elle fut fondée, elle était dédiée à St Jacques et portait le nom de *St-Jacques des lépreux*. Quand la lèpre a cessé d'exister dans ce pays, les revenus de cette chapelle ont été destinés à la nourriture et à l'entretien de dix à douze pauvres, qu'on logea d'abord près du Presbytère de Rauville; mais comme on ne voyait pas bien la nécessité de maintenir là un hôpital, on finit par distribuer aux pauvres les revenus de l'ancien établissement (*Renseignemens communiqués par M. Cardet, curé de Rauville-la-Place*).

de la religion et de l'humanité. Un de ces hôpitaux fut donc fondé dans le lieu voisin de la chapelle de Monroc, sous le règne de Philippe-Auguste, et la chapelle qui fut construite en même temps devait servir d'oratoire à cette maison. L'hôpital est depuis long-temps détruit, et peut-être la chapelle le serait aussi, si sa destination religieuse ne l'eût mise à l'abri des ravages du temps. Elle fut, à la prière de Richard de Vernon, de l'agrément et du bon vouloir de Roger, abbé de Montebourg, dédiée sous l'invocation de St Jean, apôtre et évangéliste, au mois de juillet 1222, par Hugues de Morville, évêque de Coutances, que l'histoire nous fait remarquer comme un des principaux bienfaiteurs des Léproseries, sous les règnes de Philippe-Auguste, de Louis VIII et de St Louis. L'acte de dédicace se trouve dans le cartulaire de l'abbaye de Montebourg, et nous en possédons une copie. Il y est dit que l'érection de cette chapelle ne préjudiciera en rien aux droits des églises de Notre-Dame-de-Néhou, de St-Georges de Néhou et de Ste-Colombe. Que le prêtre qui la desservira sera rétribué par les trois églises susdites, et qu'il sera obligé, si besoin est, d'aider aux curés de ces églises, dans la desserte de leurs paroisses respectives.

On ignore combien de temps cette Léproserie a duré. Peut-être était-elle dès son origine une dépendance de l'Hôtel-Dieu de St-Lo, fondé, ainsi que l'hospice de Coutances, par le grand évêque qui fit la dédicace de la chapelle. Mais on ne possède là-dessus aucuns renseignemens dans Néhou, et nous nous sommes assuré que le recueil des chartes et autres titres de l'Hôtel-Dieu de St-Lo, où nous aurions pu puiser là-dessus des choses précieuses, a disparu depuis long-temps. Ce qu'il y a de certain, c'est que vers 1340 où fut rédigé l'ancien registre du diocèse de Coutances, connu sous le nom de *Livre blanc* et dont nous possédons un extrait, un *frère de l'Hôtel-Dieu de St-Lo* était tenu de desservir cette chapelle, et les fruits et revenus de son bénéfice consistaient en blés et en offrandes.

A l'époque de la confection du *Livre blanc*, dans lequel nous avons puisé ce renseignement, les Croisades étaient passées depuis long-temps, et il est vraisemblable qu'alors la chapelle de Monroc, qui fut bientôt décorée du titre de prieuré et qui fut connue sous le nom de *prieuré du Belarbre*, servait, comme elle a toujours servi depuis, à recevoir les habitans de cette section à l'office divin. Néanmoins, le souvenir de sa destination primitive n'était pas encore effacé; et ce fut sans doute pour le perpétuer qu'on y plaça sur la fin du même siècle ou au commencement du suivant, c'est-à-dire vers 1400, une statue de St Roch, invoqué contre la peste et les maladies contagieuses. Cent cinquante ans plus tard, elle fut enrichie d'un monument bien autrement considérable, qui rappelait l'objet des vœux de ceux dont elle fut le refuge, lesquels, tout en cherchant à délivrer les Chrétiens du joug des Infidèles, n'avaient pris les armes que pour conquérir et arracher à leur puissance la terre qui avait jadis renfermé le tombeau du Sauveur du monde. Ce monument, tout en pierre de Caen, représente Notre-Seigneur que deux hommes descendent dans un cercueil. A sa gauche, se trouve St Jean l'évangéliste, Joseph d'Arimathie et trois saintes femmes, tous de grandeur naturelle. Il est digne de figurer dans une des plus belles églises, et, quoiqu'en restant en ce lieu il en rappelle la destination primitive, ce n'est pas sans un véritable regret que l'on voit ce monument dérobé à la vue des fidèles et relégué dans une chapelle maintenant abandonnée. Nous ne pouvons pas faire connaître celui ou celle qui l'en a dotée; personne ne possède là-dessus de renseignemens; mais nous pouvons dire avec assurance qu'il est du temps de la renaissance des lettres et des beaux-arts, c'est-à-dire du siècle de François I.er : des hommes plus savans que nous partagent notre sentiment à cet égard.

Immédiatement avant la fondation de l'église de St-Jacques, on ne faisait pas dans la chapelle l'office d'une manière aussi

aussi absolue que dans l'église paroissiale et il est bien probable que de tout temps il en avait été ainsi. Nous retrouvons en effet aux archives de l'église de Néhou un accord fait le 24 août 1444, entre Guillaume Le Verable, curé de Néhou, et l'Hôtel-Dieu de St-Lo, qui le prouve assez clairement. Par cet acte, Pierre Vaultier, prieur du Belarbre, dont la chapelle, comme cela n'était pas rare alors, avait changé de patron titulaire et était pour lors sous l'invocation de la Ste Vierge, reconnaît que les maisons, terre et jardin par lui occupés sont sous l'administration spirituelle du curé; qu'en conséquence le prieur n'entendra point les confessions des paroissiens à l'extrémité et ne leur administrera point l'Extrême-Onction ni l'Eucharistie, sans la permission écrite du curé; qu'il ne donnera point de bénédiction nuptiale, ne fera point de relevailles et ne baptisera aucun enfant; mais qu'il bénira l'eau et le pain à voix basse; qu'il pourra faire le prône et annoncer les fêtes de la semaine. Quant aux processions, il n'en fera pas même le jour des Rameaux; il ne fera point de *Ténèbres* ni le reste de l'office de la Semaine sainte, ni l'office du samedi vigile de la Pentecôte, mais dira la messe basse et sera le seul de sa maison exempt de sépulture à la paroisse; il percevra les offrandes qui se feront dans la chapelle, mais il acquittera la dîme de ses terres et de ses jardins, excepté celui où est la chapelle, s'il n'y est cultivé du froment, de l'orge, du seigle ou autres grains de consommation.

Ce réglement a été observé jusque vers l'an 1720, que l'hôtel-Dieu de St-Lo vendit au baron de l'Angle le prieuré du Belarbre, la chapelle, les terres et autres dépendances. Depuis ce temps jusqu'à la révolution, la chapelle a été desservie de la même manière qu'auparavant par un prêtre attaché à l'église de Néhou, et envoyé à Monroc pour cela toutes les fois que les besoins spirituels de la population l'exigeaient. Depuis la révolution jusqu'à la dédicace de l'église de St-Jacques, un chapelain spécial y a été attaché avec le titre de chapelain de Monroc et de vicaire de Néhou. Le premier fut M. François Gallis, de Catteville, qui y vint en 1804, et auquel succéda en 1817 M. Antoine Houyvet, de Rauville-la-Place, qui fut nommé curé d'Héauville en 1819 et auquel succéda M. Jean Leconte de Morville, qui fut le premier desservant de l'église de St-Jacques et qui fut, en 1824, nommé curé au Mesnil-au-Val, dans le canton d'Octeville-sur-Cherbourg.

La famille de Reviers-Vernon avait attaché à la léproserie fondée à Monroc la grande étendue de terrain qui fut nommée le *Belarbre*, à cause dit-on du beau bois qu'elle produisait. Cette terre aumônée à la chapelle de Monroc, lui a fait donner, quand cette chapelle a eu le titre de prieuré, le nom de *Prieuré du Belarbre*. Elle a été fieffée ou vendue successivement par les prieurs depuis quatre cents ans, excepté toutefois ce qui s'en trouve au levant de la chapelle. Cette petite partie des terres du prieuré, étant à la jouissance du prieur et n'ayant point été inféodée, fut vendue au baron de l'Anglo avec la chapelle et les maisons lorsqu'il les acquit de l'Hôtel-Dieu. Quant à la terre du Belarbre proprement dit, nous voyons par divers titres que les prieurs qui en ont joui l'ont successivement inféodée aux habitans voisins, à charge de la tenir *par foi et par hommage sous la pure et franche aumône du prieuré du Belarbre, membre dépendant de la Maison-Dieu de St-Lo*, avec les droits d'usages aux bois, communes et forêts de Néhou, entre les rivières de Scye et de Sauldre, de la même manière que lesdits prieurs y étaient usagers.

Les murailles primitives de la chapelle de Monroc n'existent plus depuis longtemps. Elle n'était pas si grande dans le principe qu'elle l'est aujourd'hui : elle ne contenait autrefois que l'emplacement du chœur actuel ; et la nef que nous voyons n'est qu'un prolongement qui y a été fait en deux fois à mesure que la population a augmenté. Quant à ce chœur primitif, il est détruit; et il y a vers cent trente ans qu'on a rebâti celui qui existe aujourd'hui.

L'emplacement où se trouve la chapelle ne pouvait pas être mieux choisi pour y fonder une léproserie. C'est un terrain uni en apparence, mais cependant très-élevé. De là, la vue s'étend au loin avec une telle facilité que, dans un temps serein, on y découvre les clochers de dix-sept églises ; le gouvernement vient de placer auprès un télégraphe pour les dépêches de Paris à Cherbourg.

Cette chapelle, quoique grande pour un monument de ce genre, était loin, depuis plus d'un siècle, de pouvoir loger toute la population. Outre qu'on y était extrêmement pressé, plus de la moitié des habitans étaient obligés d'assister aux offices dehors, même dans les temps les plus inconstans. Cet inconvénient avait fait naître, dès avant la première révolution, l'idée de construire dans cette section une nouvelle église capable de contenir la population du lieu, et la question en avait même été agitée plusieurs fois ; mais divers incidens en avaient toujours retardé l'exécution. C'était de nos jours que cet établissement si désirable et si utile devait être formé et que la paroisse en devait être dotée. Le besoin en était depuis long-temps senti, et il ne s'agissait plus que de trouver les fonds nécessaires et la manière d'exécuter le projet. Mais c'était là une chose d'autant plus difficile, que la Fabrique et la Municipalité, de même que les familles les plus riches n'avaient jamais eu à cœur une pareille entreprise. On ne pouvait donc recourir à une imposition extraordinaire ni attendre aucune subvention. Il restait encore une ressource aux habitans, c'étaient les revenus communs de leurs biens indivis, cédés en 1800 en extinction de leurs droits d'usages. Mais ces biens avaient été souvent en litige, même depuis 1800, et les usagers n'étaient guère disposés à en destiner une partie à une entreprise dont le succès leur paraissait très-incertain. La Providence sut trouver les moyens d'y pourvoir. Nous avons eu occasion de faire remarquer qu'en 1793 le sieur Jacques De-la cour avait été immiscé dans l'administration des biens des usagers et qu'il n'en était jamais sorti. Par ses mains avait passé tout l'argent destiné au paiement des vicaires, des maîtres et maîtresses d'école, de même que les fonds qui avaient été employés à diverses constructions et réparations communales. Mais il avait aussi reçu de grosses sommes tant du produit de la vente des bois que du revenu annuel des biens des usagers, et cependant, il n'avait jamais rendu aucun compte. Des raisons, et peut-être des prétextes l'empêchaient d'ailleurs d'appurer ces comptes qui lui étaient demandés par l'administration municipale. Mais comme, malgré son esprit porté à la chicane, il était consciencieux et qu'il entendait les véritables intérêts des usagers de Néhou, dont il sut défendre les droits, il destina une partie des fonds dont il était dépositaire, et ceux qu'il avait obtenus en conséquence de ses arrangemens avec Madame Douessey, à la construction de l'église que nous voyons aujourd'hui.

Il éprouva dans le principe bien des contrariétés et des mépris de la part de ses compatriotes, qui, tout en reconnaissant le besoin pressant d'une église, ne croyoient pas qu'il pût, ni même qu'il voulût réaliser son projet. Cependant, le lundi après la *Quasimodo* de l'année 1820, après les affiches préalables, des ouvriers arrivèrent près de la fontaine de Reviers, sur l'emplacement du bois jadis aumôné aux moines de Montebourg. Là, ils creusèrent les fondemens du nouveau temple qui fut commencé de suite et destiné au culte public au bout de trois ans. Cette église fut bénite et dédiée à Dieu sous l'invocation de St Jacques *le Majeur*, le mardi 21 octobre 1823, par M. Dancel, curé de Valognes, vicaire-général du diocèse de Coutances, depuis évêque de Bayeux, en présence d'un grand nombre d'ecclésiastiques et d'une grande affluence de peuple de tous les lieux circonvoisins.

Il fut fait en même temps un réglement qui déterminait les limites et les attributions de la nouvelle église, et qui fut publié pendant la cérémonie. Ce réglement, fait par M.gr Dancel, et marqué au coin de la sagesse, du zèle apostolique et de l'esprit d'ordre qui caractérisent cet illustre et vénérable prélat, établissait les limites aujourd'hui reconnues, et assimilait l'église de St-Jacques aux églises paroissiales quant aux heures des offices, aux baptêmes, premières communions, communions pascales, mariages et inhumations. Mais le desservant ne devait point y faire l'office de la Semaine-Sainte, Ces dispositions devaient être en vigueur jusqu'à ce qu'il plût au seigneur évêque de Coutances d'y apporter quelque changement. Mais loin de là, M.gr l'évêque a approuvé, quelques années après (1) le réglement dans toutes ses parties, donnant de plus au desservant le droit de faire tout l'office de la Pâque, et cela, jusqu'à ce que des circonstances plus favorables et un état de finances plus prospère

---

(1) En 1828, sur la réclamation de M. l'abbé Cosniam, qui desservait alors cette église.

permettent au Gouvernement d'ériger en succursale rétribuée cette église qui est aujourd'hui presque sans ressources, et à laquelle cependant est attachée une population de près de quinze cents habitans (1).

Le premier ecclésiastique qui ait desservi l'église de St-Jacques-de-Néhou fut M. Jean Leconte, de Morville, précédemment chapelain de Monroc. Il fut nommé curé du Mesnil-au-Val, au commencement de 1824 et fut remplacé par M. Charles-René Duhamel, de Colomby, aujourd'hui curé de Ste-Colombe, auquel succéda en 1828 M. Nicolas-Auguste Cosniam, de St-Pierre-d'Allonne, aujourd'hui curé dudit lieu, et qui fut remplacé en 1830 par M. Jean-Charles Desvergez, du Rozel, desservant actuel.

---

(1) Interprète de la reconnaissance publique, nous devons dire ici que cette section de paroisse est redevable à feu M. l'abbé Corentin de Gouberville, dont la bienfaisance et la générosité sont connues, d'un très-joli local qu'il a fait bâtir à ses frais et donné pour l'école des filles, au milieu des habitations nombreuses qui s'y construisent chaque jour autour de la nouvelle église.

LIVRE DOUZIÈME.

Il nous reste maintenant à parler du prieuré de St-Jean-des-Bois, dont nous avons déjà dit quelque chose et dont nous avons renvoyé ici l'histoire; après quoi nous dirons un mot des chapelles de la paroisse. Nous avons eu occasion de dire que ce prieuré fut fondé par le seigneur de Reviers-la-Beurrière, peu après la dédicace de l'église de l'Abbaye de Montebourg, et que cette Maison, dont il devint une dépendance, y envoya de ses religieux de l'ordre de St-Benoit.

Nous ignorons quelles furent les dotations de ce prieuré au moment de sa fondation : nous ne retrouvons même aucune preuve qu'il ait été doté alors; mais, ce qu'il y a de certain, c'est qu'en l'an 1268, les terres adjacentes audit prieuré, contenant environ dix hectares et formant aujourd'hui la propriété du sieur François Lepetit, lui furent données par le seigneur de Reviers d'Amfréville (1).

---

(1) Ap. cart. Montisb.

On lit dans l'histoire ecclésiastique de Normandie, par Trigan, ce qui suit : « A Néhou, il y a un prieuré dit de St-Jean-du-Bois, où, dans l'étendue de plus d'une vergée de terre occupée maintenant par la cour et le jardin du fermier, se trouvent des cercueils de moellon en telle quantité que le fonds en est comme pavé ; preuve d'un monastère nombreux, dont ce prieuré n'est qu'un reste (1) ».

Nous ne partageons pas cette opinion, et il est certain que M. Trigan s'est trompé. Nous connaissons l'époque de la fondation de ce prieuré, qui n'a jamais eu un grand nombre de religieux, et qui, dans les derniers siècles qui ont précédé la révolution, n'était plus desservi que par un prieur nommé de tout temps par l'abbé de Montebourg, qui avait le droit de patronage. Le grand nombre de sarcophages ou de cercueils de tuf, dont parle M.

---

(1) Trigan, hist. eccl. de la prov. de Norm., tom. II, *Observations*, page 16.

Trigan, s'y remarquait encore naguère et on y en trouve encore aujourd'hui, non seulement dans le jardin et dans la cour du sieur Lepetit, qui en est propriétaire, mais même dans sa maison manable et dans les autres bâtimens qui en dépendent. Mais les ossemens qu'ils renferment ne sont point ceux des religieux que M. Trigan, par présomption et sans citer de garants, suppose y avoir séjourné. Ce sont les cendres d'un grand nombre de personnes de distinction, qui s'y faisaient jadis apporter, quelquefois de très-loin, et inhumer par dévotion. L'usage général et des fragmens d'épitaphes que nous y avons rencontrés épars çà et là, ne laissent aucun lieu d'en douter. Car on peut assimiler le petit monastère de St-Jean aux autres communautés religieuses des temps passés. Or, pour ne citer qu'un exemple de ce genre et qui nous soit familier, nous citerons l'ancien manastère des Dominicains de Coutances, qui forme aujourd'hui les bâtimens du Séminaire diocésain. Les murs de l'église et même de la maison sont chargés d'épitaphes gothiques qu'on jugerait au premier abord être celles des religieux qui habitaient jadis cette communauté : cependant il n'en est rien. Nous avons bien des fois pris plaisir à déchiffrer ces épitaphes, pendant les trois années de délicieux souvenir que nous y avons passés au noviciat du sacerdoce, et nous avons pu nous convaincre qu'il n'y en a pas une seule qui annonce la sépulture d'un religieux.

La chapelle primitive de St-Jean n'existe plus. Celle que nous y voyons aujourd'hui fut rebâtie il y a deux siècles à la place de l'ancienne, par messire Nicolas de Paulmier, aumônier du prince de Condé, chanoine de Coutances, et prieur dudit St-Jean-des-Bois, qui s'y est fait inhumer au milieu du chœur, où l'on voit encore la pierre sépulcrale qui recouvre ses cendres, avec son épitaphe marginale en français. Ce prieur fit, le 1er avril 1640, une fondation en ladite chapelle, et donna pour cela à l'église de Néhou une rente de dix livres quinze sous, à prendre sur

Bon de Launoy. C'était une procession générale de la paroisse audit prieuré, suivie d'une grand'messe solennelle et d'un *libera* après, le jour de St Jean-Baptiste de chaque année. On y devait faire la recommandation de Madame Charlotte de la Trémouille, princesse de Condé, mère du prince dont le prieur avait été l'aumônier. Ce souvenir était sans doute fondé sur la considération des revers dont la vie de cette princesse avait été traversée, entr'autres de ce qu'elle avait été accusée d'avoir empoisonné le prince son époux, qui mourut de poison à St-Jean-d'Angely en 1588 pendant les guerres de la ligue, à l'âge de 35 ans, et dont elle ne fut déclarée innocente qu'en 1596, par arrêt du Parlement.

On ignore aujourd'hui comment l'église de Néhou a perdu la rente créée pour cette fondation. Quant au prieuré et à la terre qui en dépendait, on sait que le Gouvernement s'en est emparé comme de tous les biens de main-morte à l'époque de la révolution. Le sieur Jacquelin-de-la-Pierre, de Valognes, qui avait acheté cette terre du Gouvernement l'a revendue au sieur Lepetit, propriétaire actuel. Ce prieuré était très-éloigné de maisons et environné de forêts de tous les côtés : voilà sans doute pourquoi il a porté le nom de *St-Jean-des-Bois*, ou *du-Bois*.

Les autres chapelles qui se trouvent dans la paroisse de Néhou n'étant que des chapelles domestiques, nous ne ferons que les citer sans chercher à donner sur chacune des détails que nous ne saurions à quelle source puiser. Elles sont au nombre de dix encore existantes, et une onzième, détruite il y a plusieurs siècles; savoir : 1.° celle de St-Pierre, fondée dès le XIe siècle dans le château de Néhou, laquelle a été rebâtie depuis, et qui se voit encore auprès des ruines dudit château. Le chapelain, après 1283, était à la nomination du seigneur-baron du château et il a été pendant plusieurs siècles rétribué aux fins de célébrer annuellement plusieurs fois chaque semaine la messe pour le repos de l'ame des anciens seigneurs de Néhou. Tout ceci se prouve par le partage de de 1283, le *livre blanc* et la prisée de 1473. 2.° Celle de St Eloi, appelée autrefois *Hôtel-Dieu de Néhou*, déjà existante à l'époque du partage de 1283. Le droit de patronage de cette chapelle échut au baron de l'Angle, qui l'a toujours possédé depuis, comme on peut le voir par le *livre blanc* de vers 1340, qui dit que le patron à cette époque était Guillaume Avenel, seigneur d'Amfréville et baron de l'Angle, du chef de sa femme; et par l'écriteau qui se voit encore aujourd'hui dans cette chapelle, lequel nous apprend qu'elle fut rebâtie en 1686 par Robert Le Pigeon, baron de l'Angle, patron-présentateur. 3.° La chapelle du château de la Beurrière, dédiée aux Saints Innocens, bâtie vers 1086. Elle existait encore en 1444, et elle était desservie par un chapelain nommé Guillaume Duchemin; mais on ignore l'époque où elle fut démolie. Il est probable qu'elle était située au nord de ce château, car il y a quelques années le nommé Marion, creusant dans un champ qui lui appartenait, au nord et tout près de l'ancien château de la Beurrière, y trouva des fondations, des fragmens de chandeliers de terre cuite et des morceaux de fer très-endommagés par la rouille. Il est beaucoup parlé de cette chapelle dans le cartulaire de Montebourg et dans les archives de l'église de Néhou; et c'est sans doute parce qu'elle était l'oratoire du château de la Beurrière qu'on a quelquefois appelé ce château *le Château des Innocens*. 4.° La chapelle de la Haule, bâtie dans le XVIIe siècle par les seigneurs de ce nom, et dédiée sous l'invocation de Ste Anne et de tous les Saints. 5.° La chapelle du Hecquet, sous l'invocation de St Nicolas, fondée par les Du Hecquet ou par les Ribet, qui devinrent possesseurs de cette terre par le mariage de l'un d'eux avec la fille de Gilles du Hecquet. 6.° La chapelle du Lude, fondée par la famille de ce nom. 7.° La chapelle de la Roquelle, sous l'invocation de N.-D., fondée par quelques-uns des seigneurs dudit lieu. 8.° Celle de Gonneville, dédiée sous l'invocation de St Clair. 9.° Celle de la baronnie de l'Angle, sous l'invocation de St Yves, et qui, par l'architecture, paraît être du même temps que le manoir seigneurial de cette baronnie. 10.° Celle de la Maison de Gouberville, sous l'invocation de St Jean-Baptiste. 11.° Enfin celle que M. de la Grimonnière a fait bâtir il y a quelques années auprès de son château, et qui n'est pas moins utile aux habitans voisins, qui y assistent à une première messe célébrée par un prêtre qu'y fait venir le propriétaire, qu'elle ne remplit les intentions et les vœux de la noble et respectable famille qui en a été la fondatrice.

FIN.

NOTE PREMIÈRE.

Le morceau suivant offrant des détails curieux et peu connus sur l'arrivée des reliques de St Georges en Normandie; ce Saint étant d'ailleurs le patron de beaucoup d'églises, dans ce pays, nous avons cru faire plaisir à plusieurs personnes en le publiant ici. Mais comme il n'aurait pu être compris de la majorité de nos lecteurs qui n'ont point appris la langue latine, nous l'avons traduit en français le plus littéralement possible, et nous avons placé la traduction en regard du texte.

Gesta Austrulphi, abbatis cœnobii Fontanellensis (apud spicilegium etc., curâ D. Lucæ Dacherii, è congregatione Sti Mauri monachi Benedictini; édit. in-4º, tom. 3, pag. 222—224, *ad annum 747).*

. . . . Sub hujus ergò tempore, ut videri potest, magnum miraculum conditor mundi omnipotens Deus ac pretiosum thesaurum populis illis in pago Coriovallensi residentibus ostendere dignatus est. Nam comitatum ejusdem pagi tenente Richwino comite, vas quoddam ad instar parvi fari in medio maris, juxtà locum qui vocatur Portus Ballii, super aquam ferri visum est, sicque paulatim appropinquando, in ipso emporio constitit. Quod cernentes vicani, more vulgi mirari cœperunt, quidnam hoc fore vellet. Deindè ad comitem accedunt, rem novam pandunt; sicque unà cum comite religiosos quosque viros, ac sacerdotii dignitate fulgentes ad hoc inauditum spectaculum invitant. Qui propiùs accedentes cum grandi pavore, fide tamen majori, inspiciunt in latere ejusdem turriculæ ostiolum cereâ firmatum. Quod reseratum introspicientes, repererunt codicem pulcherrimum, quatuor evange-

Actes d'Austrulphe, abbé du monastère de Fontenelle, tirés du spicilége de Dom Luc d'Achery, religieux bénédictin, de la Congrégation de St Maur. (En l'an de J. C. 747).

. . . . De son temps, comme on peut le voir, Dieu tout-puissant, créateur du monde, daigna faire voir un grand miracle et un précieux trésor aux peuples qui habitaient le territoire dépendant de Coriallum (l'ancien Cherbourg). Car, pendant que le comte Richouin gouvernait ce pays, on vit un certain vaisseau, semblable à une petite tour, nager sur l'eau au milieu de la mer, auprès du lieu qui s'appelle Port de Ballius (aujourd'hui Portbail), lequel vaisseau s'approchant peu-à-peu, vint s'arrêter sur la place même où se vendent les marchandises. Ce que voyant, les habitans de la bourgade, ils furent étonnés, comme il arrive parmi le peuple dans de semblables occasions, ne sachant ce que cela pouvait signifier. Ils vont trouver le comte, lui font part du nouveau prodige, et invitent avec le comte les hommes religieux et ceux qui étaient honorés de la dignité du sacerdoce à prendre connaissance d'un événement si inouï. S'approchant donc de plus près avec une grande frayeur, que la grandeur de leur foi surpassait cependant encore, ils aperçoivent au côté de la petite tour une petite porte scellée avec de la cire. L'ayant ouverte et regardant dans l'intérieur, ils y trouvèrent un

lia continentem, romanâ litterâ optimâ scriptum, membranis mundissimis honestâque formâ confectum. Juxtà quem inveniunt et capsam, quam aperientes, repererunt partem ex pretiosissimâ maxillâ B. Georgii martyris, cum aliis plurimis pignoribus diversorum sanctorum, insuper et salutiferi ligni crucis Dominicæ, quod in eâdem capsâ litteris sigillatim declaratum erat. Deindè, indicto jejunio, quid agendum sit deliberant. Expleto namque ipso jejunio, plaustrum præparant, cui prædictum sanum imponerent, ut quò Domini decrevisset voluntas, perferretur. Duabus quoque vaccis eidem plaustro applicitis, summi arbitrii præstolabantur nutum. Nec mora; eædem vaccæ concito gradu cum ipso plaustro, populis expectantibus atque prosequentibus, sine ductore, ac ullius bubulci administratione, ad eum locum qui usque nunc Brucius vocatur, pervenerunt. Erat autem possessio cujusdam illustris viri. Ibi namque ut ecclesia construeretur in honore B. Georgii martyris, omnibus placuit. Comes tamen prædictus primus in hoc negotio erat, qui, unà cum populis sibi subditis, condidit in eodem loco basilicam in honore B. Georgii martyris: duæque aliæ ecclesiæ

très-beau manuscrit en parchemin très-pur, et d'un format élégant, écrit en lettres romaines et contenant les quatre évangiles. Auprès ils aperçoivent une châsse. L'ayant ouverte, ils y trouvèrent une partie de la très-précieuse mâchoire du bienheureux Georges, martyr, avec beaucoup d'autres reliques de différens saints, et en outre un fragment du bois salutaire de la croix du Seigneur. Chacun des objets contenus dans la châsse portait un petit écriteau qui le faisait connaître. Ayant ensuite ordonné un jeûne, ils examinent ce qu'il y a à faire. Or, le jeûne étant accompli, ils préparent un chariot pour y placer la petite tour afin qu'elle fût transportée là où l'avait résolu la volonté divine. Ayant donc attelé deux vaches au chariot, ils espéraient la manifestation des volontés du Très-Haut. Elle ne se fit pas attendre: les vaches, marchant d'un pas accéléré, suivies du peuple dans l'attente, arrivèrent avec le chariot, sans conducteur et sans guide, au lieu qui, jusqu'à présent s'est appelé Brucius (aujourd'hui Brix, près de Valognes), lequel appartenait à un homme puissant. On fut généralement d'avis de bâtir en ce lieu une église en l'honneur du B. Georges, martyr. Cependant le comte Richouin, qui était le premier dans cette affaire, fut celui qui, conjointement avec le peuple qui lui était soumis, y bâtit une église en l'honneur du bienheureux martyr. On y en construisit encore deux autres

id est una in honore beatissimæ matris ac perpetuæ Virginis Mariæ, altera in Stæ Crucis est fabricata honore : ubi, divinâ præstante clementiâ, obtentu Sanctorum quorum pignora sacratissima cum particulâ pretiosi capitis S^{ti} Georgii martyris Christi servantur, tanta fiunt usque ad præsens tempus miracula, ut nisi à fidelibus qui noverunt Dominum plurimas in sanctis suis operari virtutes, fidem excedant. Est autem idem vicus in ardui montis planitie situs, cui ab australi parte fluvius adjacet qui vocatur Undva, distans ab eo loco plùs minùs millia duo. Turriculæ autem formam in quâ cædem reliquiæ conditæ erant, quia vidi, etiam descripsi. Est autem formæ quadratæ, ex quatuor videlicet angulis ab imo assurgens, et itâ opus omne paulatim minuendo in latitudine in summo angustum redditur, ut pyramidem in altitudine reddat, uniusque mali parvi conclusione solidetur. Habet quoque in medio sui solariolum in quo codex ille evangelicus cùm capsâ illâ servabatur, cui desuper aptum est laquear. Eminet in altitudine pedum circiter octo, in latitudine plùs minùsque trium. De quâ verò parte aut loco, aut qualiter in ipsum pagum pervenerit ab universis incolis ejusdem loci usque ad præsens habetur incertum.

NOTE PREMIÈRE.

l'une en l'honneur de la bienheureuse Marie, mère et toujours vierge, et l'autre en l'honneur de la Ste Croix. La bonté divine y a opéré jusqu'à ce jour tant de miracles par l'intercession des saints dont les très-saintes reliques s'y conservent avec la partie du précieux chef de St Georges, martyr de J. C., qu'on aurait peine à les croire si on ne savait pas que le Seigneur opère souvent des miracles en faveur de ses saints. Le village où le chariot s'arrêta est situé sur le sommet aplati d'une haute montagne, au pied de laquelle coule, du côté du midi, la rivière qui s'appelle Ouve, et qui en est éloignée de deux milles, plus ou moins. Ayant vu la petite tour dans laquelle les reliques étaient conservées, j'en ai fait la description. Elle est de forme carrée dans sa base : elle diminue peu-à-peu en haussant, et elle devient tellement petite au sommet, qu'elle forme une pyramide dont la pointe est terminée par une petite pomme qui consolide le vaisseau. Au milieu se trouve une petite chambre couverte d'un lambris, dans laquelle étaient déposés la châsse et le livre des évangiles. La tour a environ huit pieds de hauteur et trois pieds de largeur, plus ou moins. Tous les habitans de ce pays ignorent encore aujourd'hui (peu après 747) de quelle part, de quel lieu et de quelle manière elle y est arrivée.

NOTE
DEUXIÈME.

Voici la charte de translation de la collégiale de Néhou et des revenus y attachés, à l'Abbaye de Montebourg. Nous la publions ici, afin de donner une idée de ces anciens actes, qui bientôt auront entièrement disparu; et afin de faire voir en même temps comment parlaient les anciens seigneurs de Néhou. Elle est extraite du Cartulaire de l'Abbaye de Montebourg, fº 68.

Ego Willelmus (1) de Vernon, considerans hanc præsentem vitam dolis, miseriis innumeris, tribulationibus, doloribusque multis esse plenam, et omnia vana atque falsa præter ea quæ fiunt; propter Dominum et salutem animarum; sollicitus de

---

(1) WILLELMUS pour GUILLELMUS. Cette forme vient du germanique dont on trouve des traces nombreuses chez les seigneurs anglo-normands. Elle était plus ancienne que celle que nous avons empruntée des Romains; privés du W teutonique, ceux-ci le rendirent par G dur. De là GUILLELMUS pour WILLELMUS, GALTERIUS pour WALTERIUS, GERMANI pour WEHRMANI, GOTHS pour WODS, compagnons de WODIN (Odin), etc. Le nom anglais WILLIAM, qui est le même que notre GUILLAUME, dérive de ce mot WILLELMUS qu'on trouve dans les chartes latines d'Angleterre et de Normandie dans le moyen âge.

salute animæ meæ non cum carne morituræ, sed, si promeruero, in æternum convicturæ, dedi et concessi sanctæ Mariæ Montisburgi et monachis ibidem Deo servientibus, pro salute animæ meæ et patris mei et matris meæ omniumque antecessorum sive successorum meorum, in perpetuâ eleemosinâ habendum, ecclesiam sanctæ Mariæ de Nigelli humo liberam et quietam omninò cum omnibus præbendis et reditibus in bosco et in plano quæ ad eam pertinent, sicut charta patris mei testatur,.... ut de tot monachis conventus augeatur et corroboretur de quot post decessionem clericorum, locus apud Nigelli humum institueretur, et similiter ecclesiam de Gonnovillâ cum omnibus ad eam pertinentibus, et donationes baronum meorum in quibuslibet liberas et quietas de omnibus quæ ad me pertinent. Quam donationem et concessionem ego feci et super altare B. Mariæ posui eâdem die quâ venerandus pater noster et dominus Hugo Rotomagensis archiepiscopus præfatam ecclesiam consecravit et dedicavit anno Dominicæ incarnationis M.º C.º LII.º, cum venerabili Richardo, Constantiensi episcopo, et Rotrodo, Ebroicensi episcopo; præsente ejusdem loci abbate Walterio cum omnibus abbatibus atque baronibus totius provinciæ. Et, ut hæc donatio in perpetuum sit rata et inconcussa, sanctæ Crucis † signo et sigillo meo præsentem chartam volui sigillari, et auctoritate sigillorum Domini Hugonis Rotomagensis archiepiscopi et supradicti episcopi Constantiensis similiter petivi muniri et corroborari.

Ego autem Richardus, Dei gratiâ, Constantiensis episcopus, præfato operi per omnia interfui, et in Domino præsentem chartam auctoritate episcopali sigillo meo feci communiri.

FIN DES NOTES.

SOUSCRIPTEURS

A CET OUVRAGE,

POUR SIX EXEMPLAIRES ET AU-DESSUS.

MM.

ANNE, Vicaire de Fierville.

BIGOT, Curé de Notre-Dame-d'Allonne.

COLIN, Curé de Sortosville-en-Beaumont.

COSNIAM, Curé de St-Pierre-d'Allonne.

COUPPEY, Curé de St-Jean-de-la-Rivière.

DE BERENGER (le Vicomte), Écuyer, ancien Sous-Préfet d'Autun, Propriétaire à Orglandes.

DE GERVILLE, Membre de la société royale des Antiquaires de France, de l'Académie de Caen, des sociétés d'Histoire naturelle et linnéenne de Paris, de la société linnéenne du Calvados, de la société des Antiquaires de la Normandie, etc., à Valognes.

DELAMARE (Pierre), Propriétaire à Néhou.

DESPREZ, Vicaire de Barneville.

MM.

DESVERGEZ, Desservant de St-Jacques-de-Néhou.
DUHAMEL, Curé de Ste-Colombe.
EGRET, Vicaire de St-Pierre-d'Artéglise.
GARDIEN, Vicaire de St-Vaast.
GENTES (henri), Vicaire de Besneville.
GIBON, Curé du Valdécie.
HAMEL (alfred), Prêtre, Grand-Sacristain et Maître de chœur de l'église de Valognes.
HÉBERT, Notaire à Bricquebec.
HEULIN, Curé des Perques.
HOUYVET, Curé de la Haye-d'Ectot.
JOURDAIN, Curé de Senoville.
LACOTTE, Desservant de l'Étang-Bertrand, à Bricquebec.
LAISNÉ, Curé du Mesnil.
LEBOISSELIER, Curé de Pierreville.
LECLERE, Prêtre de Fermanville, professeur de Théologie au séminaire de Coutances.
LECROISEY (jean), des Moitiers-d'Allonne.
LEFEBVRE, Vicaire de Varenguebec.

MM.

LE FÈVRE DE LA GRIMONNIÈRE, Écuyer, Propriétaire à Néhou.

LEMAUVIOT, 2.e Adjoint de St-Sauveur-le-Vicomte.

LEMIERE, Vicaire de Flamanville.

LE QUERTIER, Curé de Fierville.

LEROUX, Vicaire de Graignes.

LIOUT, Percepteur, aux Moitiers-d'Allonne.

LOUIS, Curé de St-Georges-de-la-Rivière.

MARTIN, Vicaire de Colomby.

MESLIN, Vicaire de Picauville.

MOUCHEL, Vicaire de Surtainville.

MULAC, Prêtre, Précepteur au château de Sotteville.

OGÉ (ADRIEN), Propriétaire à Néhou.

OGÉ (JEAN-JOSEPH), id.

PASQUIER, Vicaire de Baubigny.

QUETTIER, Curé de Néhou.

QUIÉVASTRE, Vicaire de Brix.

RIBET, (JEAN-BAPTISTE), Propriétaire au Valdécie.

THEAULT, Curé de Baubigny.

YVETOT, Vicaire de Néhou.

www.ingramcontent.com/pod-product-compliance
Lightning Source LLC
Chambersburg PA
CBHW071934160426
43198CB00011B/1398